国宝背后的秘密

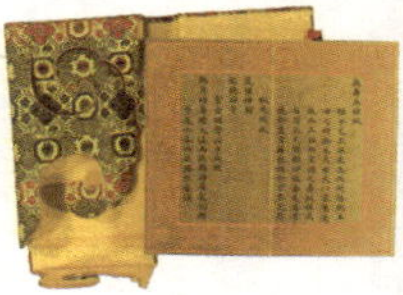

解密四库全书

向斯 著

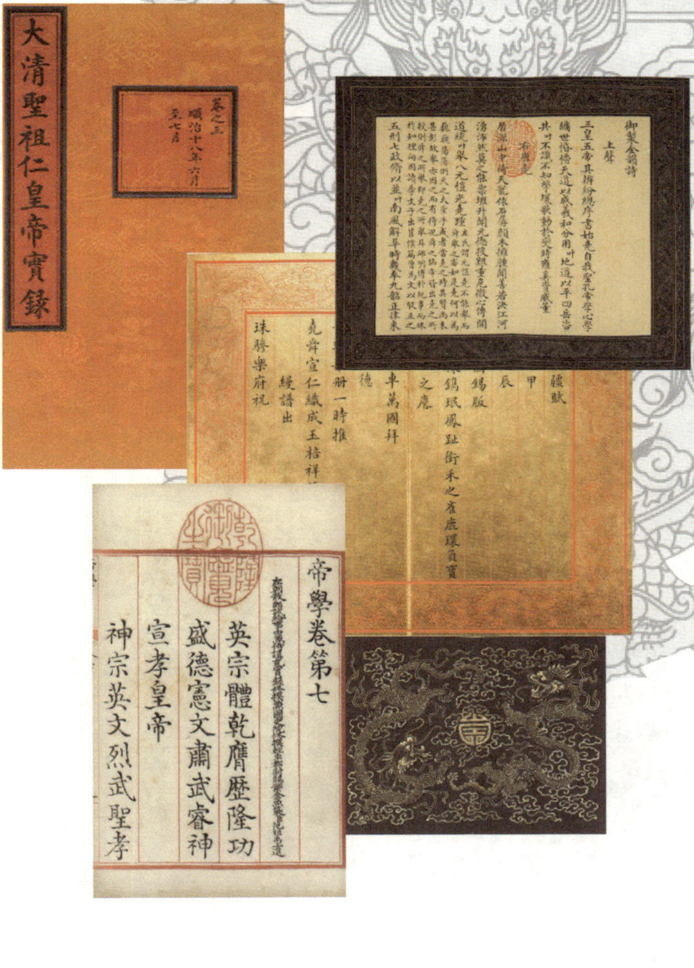

山东美术出版社
SHANDONG FINE ARTS PUBLISHING HOUSE

图书在版编目（CIP）数据

解密四库全书 / 向斯著．-- 济南 ：山东美术出版社，2016.7
（国宝背后的秘密）
ISBN 978-7-5330-6000-8

Ⅰ．①解… Ⅱ．①向… Ⅲ．①《四库全书》-青少年读物 Ⅳ．①Z121.5-49

中国版本图书馆 CIP 数据核字（2016）第 062944 号

策　　划：肖灿 李晓雯
责任编辑：李艺 贾琼
装帧设计：李伊
图片摄影：林京

主管单位：山东出版传媒股份有限公司
出版发行：山东美术出版社
济南市胜利大街39号（邮编：250001）
http://www.sdmspub.com
E-mail：sdmscbs@163.com
电话：（0531）82098268　传真：（0531）82066185
山东美术出版社发行部
济南市胜利大街39号（邮编：250001）
电话：（0531）86193019　86193028
制版印刷：山东新华印务有限责任公司
开　　本：880mm×1230mm　32开　4印张
版　　次：2016年7月第1版　2016年7月第1次印刷
定　　价：19.80元

Contents

目录

一、文渊阁

（一）明宫建立文渊阁藏书

明清时期，紫禁城有两座：一是南京紫禁城，二是北京紫禁城。明清紫禁城前后有三座文渊阁：明初南京文渊阁，明代北京文渊阁，清代北京文渊阁。三处文渊阁，地址不同，藏书内容不同，命运也不一样。

明太祖朱元璋定都南京，着手营建紫禁城宫室，建立了文渊阁、大本堂等皇家书室。洪武元年（1368年），明太祖命大将军徐达统兵北伐，收复元大都，接收了全部元宫廷藏书。徐达奉命将这批元宫藏书悉数运往南京，入藏紫禁城文渊阁。

明南京文渊阁收藏的主要是元宫奎章阁、崇文阁等皇家书室的藏书。

明成祖迁都北京，营建北京紫禁城，在东华门内重建文渊阁藏书。这里的藏书主要来自南京文渊阁旧藏。

明成祖很重视宫中藏书，在裁政之暇，他常常到文渊阁巡视，翻阅古书。有一次，他问侍臣：“阁中藏书如何？”侍臣回答：“尚多遗缺。”他立即严肃地说：“士庶家稍有余资，尚欲积书，况朝廷乎？”于是，

明成祖朱棣

他命侍臣拟诏，派使臣四出，广求天下遗书。他还明确指示：只要是好书，不计价钱多少，尽力满足持书人，抄录副本，充实宫廷所藏。就连当时的礼部尚书郑赐也奉命出京，访求古书。经过多年的努力，文渊阁藏书日渐丰富起来。

明永乐初年，明成祖命侍臣利用宫廷藏书，编纂了一部大型类书。最初，取名《文献大成》。永乐六年（1408年），全书编纂完成，共计22900余卷，赐名《永乐大典》，全书11000余册，入藏南京紫禁城文渊阁。

明成祖高度评价了这部文献巨著，称这是天下典籍的集大成者，是宫廷丰富收藏和访求天下遗籍的成果。这部巨型大典，后来移贮北京紫禁城。

明永乐时期，北京文渊阁藏书基本上是承自南京文渊阁藏书。北京文渊阁建成以后，明成祖命侍臣尽取南京文渊阁所藏各类古书，运往北京。明学者俞弁这样记载说：“北京大内新成，敕翰林院，凡南内文渊阁所贮古今一切书籍，自有一部至有百部，各取一部，送至北京，余悉封识收贮如故。修撰陈循如数取进，得一百柜，督舟十艘，载以赴京。”

据史家记载，文渊阁位于紫禁城东华门内，文华殿南部，全国所有上呈于朝廷的书籍，全部入藏于文渊阁：“旧文渊阁，在内阁旁，当文华殿之前。”按语中称：“明文渊阁，在午门内，文华殿南。砖城，凡十间，皆覆以黄瓦。阁中置范铜饰金孔子，并四配像一龛。见《可斋笔记》。明之藏书，四方上于朝者，贮文渊阁。见《曝书亭集》。”

（二）《文渊阁书目》

明成祖之后，继位的明仁宗、宣宗，继承父祖的文治方略，励精图治，弘扬教化，使王朝经济繁荣，文治昌盛，史称“仁宣之治”。大量内府书籍——明经厂本问世，隐逸民间的一些古本珍籍，也纷纷进献入宫，宫廷藏书得到了极大充实，明宫藏书体系初步建立了起来。

明英宗正统初年，宰相杨士奇领衔清点和整理宫廷古书，整理文渊阁藏书之后，编纂了一部极重要的宫廷藏书目录《文渊阁书目》。史学家在这部书目的跋文中，不无骄傲地称赞了当时的文化繁荣：“仁、宣二世，世既升平，文物益盛。”

明宣宗朱瞻基

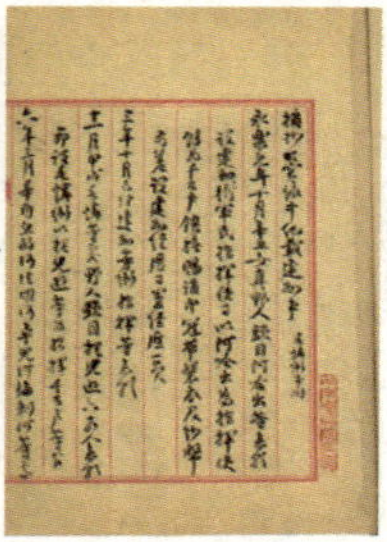

《明实录摘抄》卷端

杨士奇是著名的明初大臣，是仁宣盛世的三阁老“三杨”（杨溥、杨荣、杨士奇）之一。明仁宗时，他就荣任华盖殿大学士，授《实录》总裁官，主修《明实录》。

明宣宗好古尚文，更加重视文化事业，常和三阁老一同探讨经史学问之道。他常常光顾文渊阁，由宰相杨士奇侍侧，君臣在披阅经史之余，讨论致治之道。

明宣宗宣德八年（1433 年），阁臣杨荣、杨士奇奉旨入文渊阁点查藏书，并在馆阁中选择能书之人数十，取阁中珍贵的《五经》《四书》和《说苑》之类的古书，各抄录一部副本，以备观览。史书称，当时典籍最盛，藏书约两万余部，近百万卷，刻本占 3/10，抄本占 7/10。

杨士奇在整理了文渊阁藏书之后，编纂了《文渊阁书目》。他在《书目》中记载说：“本朝御制和古今经、史、子、集之书，自永乐十九年（1421 年）取自南京，一向在左顺门北廊收贮，无完整书目。近奉旨移贮文渊阁、东阁。”

根据杨士奇编纂的《文渊阁书目》，可以大致了解当时文渊阁的藏书情况：阁中藏书按照千字文编次排架，从天字一号到往字号，共计 20 类，50 书柜，排列古书 7200 余种。包括：

天字 5 柜，明御制、御定诗文集；地、玄、黄字 8 柜，经部书籍；宇、宙字 8 柜，史部书籍；洪、荒字 2 柜，子部书籍；日、月字 2 柜，集部书籍。其余 19 柜，都是各类专藏：盈字 6 柜，类书；昃字 1 柜，韵书、姓氏；辰字 2 柜，法帖、画谱；宿字 1 柜，政书、刑书、兵法、算法；列字 2 柜，医书、农艺、阴阳等书；张字 1 柜，道书；寒字 1 柜，佛书；来、暑、往字 5 柜，地方志。

（三）明文渊阁之毁灭

距明成祖建都北京一百年以后的明嘉靖年间，明世宗进一步完善文渊阁制度，加强藏书管理，使文渊阁更富皇家特色：

嘉靖十六年（1537年），命工匠相度，以文渊阁中一间，恭设孔圣及四配像。旁四间各相间隔，而开户于南，以为阁臣办事之所。阁东诰敕房装为小楼，以贮书籍。阁西制敕房南面隙地，添造卷棚三间，以处各官书办，而阁制始备。

明代末年，北京文渊阁藏书在李自成的兵乱之中毁荡殆尽："文渊阁所藏，皆宋、元珍本。至李自成入都，付之一炬，良可叹也。""明藏阁二百余年图籍，消沉于闯贼之一炬！"

清史学家全祖望记载说：

（《永乐大典》）一切所引书，皆出文渊阁储藏本，自万历重修书目，已仅十之一。继之流寇之火，益不可问。闻康熙间，昆山徐尚书健庵，以修《一统志》言于朝，请权发阁中书资考校，寥寥无几。

明末之时，文渊阁藏书所剩无几，以至于清初之时，有人认为明代文渊阁只是沿袭官名而已，根本没有文渊阁藏书。这一观点，获得了官修史书的认同："明文渊阁，本在南京。成祖迁都后，设官虽沿旧名，实无其地。即以午门内大学士直庐谓之文渊阁。其实，终明之世，未尝建阁也。"

阮葵生是江苏山阳人，乾隆年恩科举人，官至刑部右侍郎。一生好古书，精于鉴藏。他说：

文渊阁无其地，遍质之先辈博雅诸公，皆无以答。王白斋司马、申笏山光禄，皆以为在大内，亦是臆度之词。予意今之内阁大库，仿佛近之。当时，杨廷和在阁，升庵挟父势，屡至阁翻书，攘取甚多。又，典籍刘伟、中书胡熙、主事李继先奉命查对，而继先即盗《易》，宋刻精本！

观此情形，必非内廷深严邃密之地，而沈景倩谓制度隘，窗牖昏暗，白昼列炬，当时俱属之典籍云云。则与今日大库形势，宛然如绘。且紫禁殿阁，绮窗藻井，罘罳玲珑，唯皇史宬为明季藏本之地，则石室砖檐，穴壁为窗，盖以本章要区，防火为宜。今大库之穴壁为窗，砖檐暗室，较史宬尤为晦闷，则为当日藏书之所，正与史宬制度相合。

（四）清帝文化政策

17世纪中期以满洲贵族为核心的统治集团建立了大清王朝，定都北京。他们以明宫紫禁城作为政务中枢和生活起居的皇宫，全盘接收了明宫藏书，并在明宫藏书的基础上，建立了较为完备的清代宫廷藏书体系，其藏书规模和藏书品质都达到了前所未有的程度；其书品之华贵、种类之繁多、所藏历代珍贵典籍之丰富，均居历代宫廷藏书之首。

康熙亲政以后，大力发展文化事业，辟昭仁殿为收藏旧本善籍的皇家书室，并下诏搜罗遗籍，着手建立清宫藏书。康熙皇帝还组织儒臣，开展大规模的修书活动，校勘《十三经》《十七史》，编纂《康熙字典》《佩文韵府》《明史》以及历朝诗文总集等巨著。经过一二十年的努力，康熙皇帝仍然觉得宫廷藏书不够丰富，于是他多次下诏，广求天下遗书。

《康熙帝读书像》

康熙二十五年（1686年），康熙皇帝下诏：“通都大邑，应有藏编；野乘名山，岂无善本？今宜广为访辑，务令搜罗罔遗，以付朕稽古崇文之至意。”“今搜访藏书善本，惟以经学

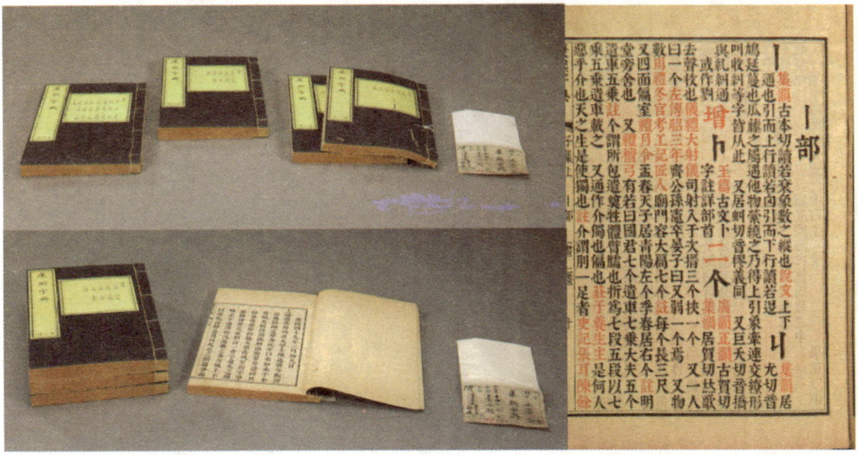

《康熙字典》

史乘实有关系修齐治平助成德化者，方为有用，其他异端稗说，概不准录！”

各省督抚奉旨以后，积极行动，派使四处搜罗遗书，然后纷纷送呈京师，入藏皇宫。史学家盛赞这个时期：“圣祖继统，诏举博学鸿儒，修经史，纂图籍，稽古右文，润色鸿业，海内彬彬向风焉！”

乾隆皇帝博学通才，承袭父祖的文化策略，稽古右文，大力发展文化事业，将康熙开创的王朝盛世推向鼎盛，史称“康乾盛世”。乾隆临政的六十余年，朝廷人才济济，儒臣们奉旨编纂了一部又一部鸿篇巨制，大量珍本善籍汇送宫中。所以，史学家赵尔巽这样赞叹：“其宋、元精椠，多储内府；天禄琳琅，备详宫史。经籍既盛，学术斯昌；文治之隆，汉唐以来所未逮也！”

清代宫廷藏书继承的是宋、元、明宫廷珍藏旧籍，并在这些旧藏的基础上，历代帝王不遗余力地搜罗古籍，开展大规模的修书活动，广泛建立皇家藏书楼，不断地充实宫廷藏书，建立富于清朝特色的宫廷藏书体系。清室在武英殿设立修书处，皇帝网罗天下才士入殿修书。

大学者全祖望曾入充武英殿校勘官，钱大昕奉旨入充武英殿纂修官。武英殿逐渐成为清内府书籍的编纂、刻书、印书和收藏中心，其所刻印之书籍，形成独具特色的本子，称为“武英殿刻本”。这些闻名于世的清内府书籍，在中国版本史上居于十分重要的地位，世称“殿本”。词臣入殿修书，撰写书签，有诗为证：

词臣供奉职非虚，金匮书还金殿储。

进御缥缃千万帙，签题黄绢殿中书。

清代宫廷之中，建立了星罗棋布的皇家藏书：在一些重要的宫室，建立了专门的皇家藏书楼；在皇帝、后妃们生活起居的大小宫殿，则建立了规模不一、各具特色的宫室藏书。

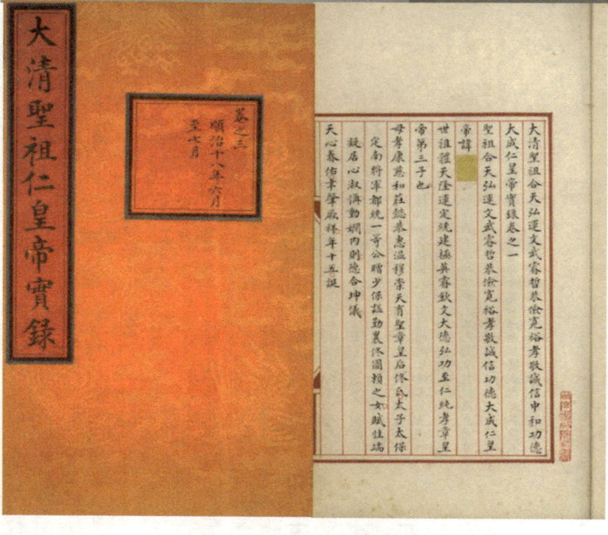

《大清圣祖仁皇帝实录》

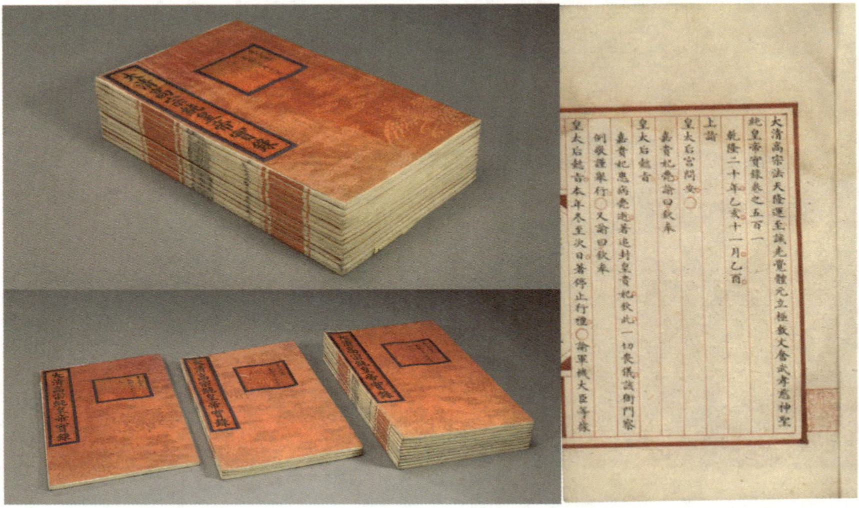

《大清高宗纯皇帝实录》

这些皇家藏书，闻名于世的主要包括：文渊阁《四库全书》，皇史宬《玉牒》《圣训》《实录》，武英殿清历代殿本，昭仁殿“天禄琳琅”“五经萃室”，毓庆宫“宛委别藏”等。

（五）清宫建立文渊阁

清代前期，直到康熙年间，文渊阁依然破旧不堪，藏书稀少。康熙初年，任命大臣曹贞吉为内阁典籍，检视文渊阁，发现藏书残破，宋本《欧阳修居士集》八部，竟然没有一部完整的。

明宫文渊阁如此残破，难怪清人感叹：“文渊阁向仅沿袭虚名！今拟于文华殿后建阁。”

清代文渊阁始建于乾隆三十九年（1774年）十月，历时两年建成。从选择阁址到建造完成，均由乾隆皇帝钦定。其阁址选在文华殿后原明代圣济殿旧址上，建阁的目的是为了入藏即将成书的《四库全书》。

明代的文渊阁是用砖瓦建造的，清代的文渊阁，最初的谕旨是要

文渊阁

求依照宋代三馆秘阁之制，后来乾隆指示要完全仿照浙江宁波范氏天一阁建造。据《定香亭笔记》记载：范氏天一阁，阁不甚大，地颇卑湿，而内中书籍却十分干燥，没有虫蚀。清代的文渊阁："制凡三重，上下各六楹，层阶两折而上。瓦用青绿色。阁前甃方池，跨石梁一，引御河水注之。"

清代文渊阁分上下两层，上层前后有平座，下层前后有游廊，底层则是用大城砖铺成，中间砌条石。阁上配菱花窗，外檐廊是回纹窗棂式栏杆，廊的两头有券门。阁顶是黑色瓦，正脊和檐头镶绿色琉璃瓦。正脊的绿琉璃瓦之中，一条紫色游龙起伏其间，中间镶以白色线条的花琉璃瓦。阁的北部和西侧，是太湖石堆砌的假山；其东侧则是驼峰式四脊攒尖碑亭，亭中竖立着乾隆皇帝亲笔御书的《文渊阁记》。

文渊阁下层正中设一宝座，座后正中悬挂着乾隆皇帝的御书大匾：汇流澄鉴。大匾的两侧，是三副对联。一副是：荟萃得殊观象阐先天生一，静身知有本理赅太极函三。另一副是：壁府古含今藉以学资主敬，纶扉名符实讵惟目仿崇文。第三副对联最为有名：插架牙签照今古，开编云气吐芳芬。

二、纂修《四库全书》

（一）搜访遗书

《四库全书》的纂修活动，始于乾隆三十七年（1772 年）正月，乾隆向全国发布诏谕，征集遗书，提出具体方案："古今来著作之手，无虑数千百家，或逸在名山，未登柱史，正宜及时采集，汇送京师，以彰千古同文之盛。""在坊肆者，或量为给价；家藏者，或官为装印，其有未经镌刊只系抄本留存者，不妨缮录副本，仍将原书给还。"

这一年的十一月，安徽学政朱筠率先响应，向皇帝提出了搜访校录书籍的具体四项建议：

1. 旧本、抄本尤当急搜。

2. 中秘书籍当标举现有者以补其余。

3. 著录、校雠同当并重。

4. 金石之刻，图谱之学，在所必录。

《四书五经旁训》

乾隆皇帝很认可朱筠的建议，下廷臣合议。经过讨论，军机大臣刘统勋等拟出具体实施方案：

1. 搜访旧本、抄本，宜照原谕旨办理。

2. 金石、图谱，令各省收书之外，凡有绘写制度、名物如《三礼图》之类，均系图谱专家，宜并为采辑。

3. 其有将古今金石源流裒叙成书者，一体汇采。

4.《永乐大典》，应检派修书翰林逐一详查，其中，如有现在实无传本、而各门凑合尚可集成全书者，通行摘出书名，开列清单，恭呈御览。

5. 俟书籍汇齐以后，敕令廷臣详细校定，依四部名目，分类汇列。

6. 另编目录一书，具载部分卷数、撰人姓名，垂示永久。

乾隆三十八年（1773 年），乾隆正式设立“四库全书馆”，任命刘统勋、于敏中等 16 人为总裁官，副总裁 14 人，下设总阅处 22 人、总纂处 53 人，以纪昀、陆锡熊、孙士毅为总纂官，以陆费墀为总校官。先后参与其事的文士多达 4400 余人，包括名儒戴震、周永年、王念孙、翁方纲、朱筠、姚鼐等 370 余人。

浙江鄞县人陈康祺，同治十年进士，官至刑部员外郎，一生喜好书籍，收藏甚富，精于鉴赏。他认为《四库全书》之成，朱筠应得首功。他说：

朱竹君学士筠为翰林时，高宗方诏求遗书。公奏言：翰林院库藏明《永乐大典》，中多逸书，宜就加采录。上善之，亟下军机大臣议行。复御制七言八韵诗纪其事，乃命纂辑《四库全书》。凡海内外仅有之本，得之大典中者，几六百部，次第刊布，嘉惠士流……世皆以《四库》书成，归功纪、陆，不知学士其先河也！

乾隆皇帝既重视修书，也重视利用，他明确表示：

《四库》所集，多人间未见之书。朕勤加采访，非徒广金匮石室之藏，将以嘉惠艺林，启牖后学，公天下之好也。惟是镌刊流传，仅什之一，而抄录储藏者，外间仍无由窥睹，岂朕右文本意乎？翰林原许读中秘书，即大臣官员中有嗜古勤学者，并许告之所司，赴阁观览，第不得携取外出，致有损失！

当时，全国性征书活动始于乾隆三十七年。第二年、第三年，在乾隆皇帝的一再敦促下进入高潮，直到乾隆四十三年（1778年）结束。

《四库全书》著录和存目书籍，绝大多数来自全国各地的征书，主要是各省采进本和个人进呈本两大类。

征书之初，各省先是采取观望态度。乾隆三十八年三月，乾隆皇帝发布严厉上谕之后，各省这才开始行动起来。

当时，乾隆皇帝在上谕中称：

搜集遗书，揆之事理人情并无阻碍，何观望不前，一至于此？必至督抚等因遗篇著述非出一人，疑其中或有违背忌讳字面，恐涉乎干碍，预存宁略毋滥之见，藏书家因而窥其意指，一切秘而不宣，甚无谓也。

大势所趋，江苏、直隶、江西、湖南、安徽、福建、河南、山东、山西各省纷纷设立征书局，大规模地搜访遗书。安徽巡抚上呈奏折，写道：

其将年代稍近之宋、元、明三史内所载名臣及《道学》《儒林》《文苑》诸贤，凡籍隶安省者，汇订一册，其著有某某等书见于本传者，亦于各名下登明，抄发各府州，令其寻访后裔，并于所属坊肆及藏书最富之家，逐加寻访，按籍征求。

全国性的征书活动，各省的藏书家自然是最主要的征书对象。乾隆皇帝针对江浙之地人文渊薮，特谕两江总督高晋、江苏巡抚萨载、浙江巡抚三宝重点寻访当地的藏书名家，包括昆山徐氏传是楼，常熟钱氏述古堂，嘉兴项氏天籁阁、朱氏曝书亭，杭州赵氏小山堂，宁波范氏天一阁等。

浙江的藏书家居全国之首，浙江巡抚奉旨查核本地藏书名家，如实上奏：“项氏天籁阁、赵氏小山堂均因家业中落，所有藏书早经散失，莫可稽考。朱氏曝书亭藏书，久已散落各方，搜访仅得六十九种。范氏天一阁藏书不下数千种，择取其中六百零二种，其后人范懋柱还愿将祖遗天一阁原贮各书恭进。”浙江藏书家进献的珍本古书合计达2600余种，占全国征书的一半以上。

怡亲王允祥王府之中，收藏有许多珍贵善本。这些善本，都有些来历：大藏书家绛云楼藏书，一直以收藏宋元精本著称。这些宋元精本，后为大藏书家毛子晋、钱遵王两家所得。毛、钱两家衰败后，善本书籍散出，半数归徐建庵、季沧苇所有。徐、季珍本，由何义门介绍，大部分归于怡亲王府。乾隆年间，征集天下遗书，四海藏书之家纷纷进呈，唯怡亲王府中珍藏没有进献。其中，世所罕见之本甚多，包括《施注苏诗》足本二部。

乾隆三十八年三月，乾隆皇帝明降谕旨，批示廷臣选择明本《永乐大典》罕见书籍三四百种付梓，结合宫廷所藏典籍、内府所修殿本和各省进呈本，按照四部分类编纂，赐名《四库全书》：

前经降旨，令各该督抚等访求遗书，汇登册府。近允廷臣所议，以翰林院旧藏《永乐大典》详加别择校勘，其世不经见之书，多至三四百种，将择其醇备者，付梓流传。余亦录存汇辑，与各省所采及武英殿所有官刻诸书，统按经史子集编定目录，命为《四库全书》。

《钦定四库全书》金丝楠木书匣

清廷建造文渊阁，用于收藏《四库全书》。文渊阁置领阁事2员、直阁事6员、校理16员、检阅官8员，由内务府大臣一员充提举阁事官，负责阁门启闭。清学者吴振棫称："康熙二十五年，有藏书秘录，给值采集抄写之旨。乾隆间，遍访藏书，蒐罗大备，因辑为《四库全书》。"

（二）查禁书籍

乾隆三十九年（1774年）八月，各省征书大约一万余种，陆续送到北京。可是乾隆皇帝觉得奇怪：如此众多的书籍，如何没有一部是稍涉违碍之书？乾隆皇帝立即明白，是大臣们经过筛选之后再送到北京。如此一来，许多违碍书籍依旧藏留民间，对于江山稳固是巨大的威胁。

乾隆皇帝思虑再三，颁发圣旨，严厉指责各级征书官员办事不力，并发出严重警告和严厉威胁：

岂有裒集如许遗书，竟无一违碍字迹之理？况明季末造，野史甚多，其间毁誉任意，传闻异词，必有诋触本朝之语，正当及此一番查办，尽行销毁，杜遏邪言，以正人心而厚风俗，断不宜置之不办！……若此次传谕以后，复有隐讳存留，则是有心藏匿伪妄之书目，后别经发觉，其罪断不能逭，承办之督抚等亦难辞咎！

如此严厉的警告，让办事大臣们胆战心惊，谁也不敢松懈和怠慢。可是皇帝究竟想查禁什么书籍？哪些算是违碍之作？乾隆皇帝最先并不急于划定标准，而是尽可能地让人将所有书籍送呈京师，收藏于宫中。

乾隆四十三年十一月，四库纂修大臣根据皇帝的指示，拟定和发布了《查办违碍书籍条款》，明确划定了违碍书籍的标准：

1. 字句狂谬、词语讥讽者。

2. 明季、国初诗文集内触禁悖谬者。

3. 明万历以前语涉辽东、女真等字样者。

4. 钱谦益、吕留良、屈大均、金堡等人书籍。

5. 部分书籍或者抽毁，或者删节，或者摘存，或者撤出。

从此之后，征集遗书和查禁书籍的活动同时展开。查禁书籍的行动，直到乾隆五十八年（1793 年）方才结束，历时约 20 年。

京师之中发现了许多四库禁毁抽毁书目，包括：《红本处查办应销毁书籍总目》《军机处奏准全毁抽毁书目》《四库馆奏准销毁抽毁书目》等等。

另外，在江苏、安徽、江西等文化繁荣之地和河南、广西、陕西等贫困、偏远省份，陆续发现了各种刊印的禁毁书目。

根据民国时期的《禁书总目》统计，乾隆时期，全毁书籍 2453 种、抽毁书籍 402 种、销毁书版 50 种、销毁石刻 24 种。有人估计，乾隆皇帝在10余年之中，毁书大约在10万部左右，禁书种类在3000种以上。

（三）设立四库全书馆

乾隆三十八年，乾隆皇帝正式下诏设立四库全书馆，组织儒臣纂修《四库全书》。四库全书馆是四库全书的编纂机构，其主要职责包括：负责编辑、校勘《永乐大典》，负责编辑、校勘各省进呈书籍，黄签甄别、考证重要书籍，甄别考证天文算学，等等。

四库全书馆中，设立正总裁、副总裁。总裁，全面负责馆中事务；副总裁，协助总裁展开修书工作。

总裁之下，设立总纂官、总校官。

总纂官：总负责全书的编纂、撰写工作。其下属是纂修官，负责编书工作，分为四种：校勘《永乐大典》；校勘各省所到遗书；黄签考证；天文算学。

总校官：总负责全书的校订工作。其下属主要包括：分校官：分任负责各类书籍的校订工作。其下属，细分为篆隶分校官和绘图分校官等等。分校官大多由纂修官兼任。

缮书处：专门负责全书的抄书工作。

督催官：专门负责全书的督促、编书、抄书工作。

翰林院收掌、武英殿收掌、缮书处收掌官：负责三处书籍的进出工作。

监造官：专门负责全书的刊刻、印刷、装订、整理工作。

总纂官、总校官之外还有：总目协勘官，负责管理协定全书总目；翰林院提调官、武英殿提调官，负责管理提取翰林院、武英殿藏书，等等。

根据档案和史料记载，《四库全书》先后设总裁、副总裁 31 人，由皇室亲王、硕学大学士兼任；据该馆开列的纂修官名单，先后参与纂修工作的官员，共有 362 人；《四库全书》纂修官，共计 88 人，包括列入名单的纂修官 56 人，未列入名单的纂修官 32 人。

《四库全书》总裁 31 人，包括：总裁 16 人，副总裁 15 人。总裁包括：爱新觉罗·永瑢、爱新觉罗·永璇、爱新觉罗·永瑆、刘统勋、刘纶舒、赫德、阿桂、于敏中、英廉、程景伊、嵇璜、福隆安、和珅、蔡新、裘曰修、王际华。副总裁包括：梁国治、曹秀先、刘墉、王杰、彭元瑞、钱汝诚、金简、董诰、曹文埴、沈初、庆桂、张若淮、李友棠、钟音、陆费墀。

《四库全书》共计著录、存目书籍多达 10000 余种，正所谓："集中外之秘藏，萃古今之著述，搜罗大备，裒辑靡遗。"

《四库全书》收录书籍，主要包括：

1. 宫廷藏书，大约 1000 余种。

2.《永乐大典》辑出本，9881 种。

3. 各省采进本、私人进献本、内府本等等，共约 15000 余种。

四库全书馆广招天下群儒，乾隆特授名望极高的白丁晋涵、余集、周永年为编修，戴震为庶吉士，监修《四库全书》，时人钦佩而敬仰，尊称"四布衣"。总纂官纪昀，博览群书，深受乾隆皇帝的器重，总

《钦定四库全书总目》第八函

纂《四库全书》，笔削手定《四库全书总目提要》。其《墓志铭》称：乾隆三十八年，公擢侍读，时开四库全书馆，命为总纂官，搜罗逸书，与内廷一体宴赉。丙申（四十一年），充文渊阁直阁事。壬寅（四十七年），授兵部右侍郎，仍兼直阁事。改任不开缺，异数也。公绾书局，笔削考核，一手删定，为《全书总目》。裒然巨观，弆之七阁。真本朝大手笔也！

纪昀的杰出才华、精辟见解和敏锐的洞察力，为当世士林学子所公认，朝野文人士子深为折服：

公（纪昀）于书，无所不通，尤深汉易，力辟图书之谬。《四库全书提要》简明目录，皆出公手。大而经史子集以及医卜词曲之类，其评论抉奥阐幽，词明理正，识力在王仲宝、阮孝绪之上，可谓通儒矣！

据参与纂修《四库全书》的翁氏大臣记载，每天纂修工作十分繁忙，却又井井有条：

自癸巳（乾隆三十八年）春，入院修书。时于翰林院署，开四库全书馆，以内府所藏书发出到院，及各省所进民间藏书，又院中旧贮《永乐大典》，合三处书籍，分员校勘。每日清晨入院，院设大厨供给桌饭。以是日所校阅某书，应考某处，在宝善亭与同修程鱼门晋芳、姚姬传鼐、任幼植大椿诸人对案，详举所知，各开应考证之书目，是午携至琉璃厂书肆访查之。

是时，江浙书贾亦皆踊跃，遍征善本，足资考订者，悉聚于五柳居、文粹堂诸坊舍。每日，检有应用者，辄载满车以归家中。请陆镇堂司其事，凡有足资考订者，价不甚昂，即留买之。力不能留者，或急写其需查数条，或暂借留数日，或又雇人抄写，以是日有所得。校勘之次，考订金石，架收拓本，亦日渐增。

自朱竹君筠、钱辛楣大昕、张瘦同埙、陈竹厂以纲、孔为约广森，后又继以桂未谷馥、赵晋斋魏、阮无轩焯、丁小雅杰、沈匏尊心醇辈，时相过从讨论，如此前后约十年。

这位翁氏修书有功，乾隆四十一年（1776年）十月充文渊阁校理，又充武英殿缮写四库全书分校官。

武英殿宝

乾隆四十一年，纂修大臣舒赫德上奏，创议设置阁职："查《四库全书》各种，其由《永乐大典》采掇裒辑者，俱有稿本。若系旧本流传，更有原书

武英殿

足资检览。应请俟全书告竣后，各藏其副本于翰林院署。择邃密高燥之地，立架分储，依旧书目次四部编排，标签安庋，置簿详记。派本院办事翰林诚干之员数人，公司其籍。”所称阁职，就是文渊阁职。

据记载，当时翰林院是《四库全书》的办理处，武英殿则是缮写书籍之所：

乾隆三十八年，奉旨开四库全书馆。翰林院为办理处，武英殿为缮写处。自殿版馆书外，诏征天下遗书，共一万三千七百二十五种(《宸垣识略》称，内中重复者3752种)。旧存明代《永乐大典》残缺几半，命词臣分类纂出整书八十五种，散片(《宸垣识略》称，古书残缺者曰散片)二百八十四种。分存书、存目二项，纂辑提要，以赅一书大旨，按期轮进。书之佳者，皆蒙御制题词，以冠简端。其四部条目，其前代稍异……其编录叙次，遵奉谕旨：经首《易注》，史首《史记》，子首《老子》，集依时代，而圣祖、世宗皇上御制集冠于本朝集首。

御花园摛藻堂

书成，缮写七份，仿浙江范氏天一阁式，建阁藏度，大内曰文渊，圆明园曰文源，热河曰文津，盛京曰文溯。并于扬州大观堂之文汇阁、江口金山寺之文宗阁，杭州圣因寺之文澜阁，亦各度一份，俾江浙士子，得以就近抄录传观。又择其精要者为《荟要》，计全书三之一，缮写二份，一藏大内（御花园摛藻堂），一藏圆明园。凡编录十三年告竣。四库共存书三千四百六十种，计七万五千八百五十四卷。辑简明目录，以便观览。底本，仍存翰林院。

（四）辑录《永乐大典》

纂修《四库全书》，明宫内府本《永乐大典》是著录珍贵古籍的重要的来源。从《永乐大典》之中抄录、辑佚书籍，是四库全书馆臣所从事的最有价值的工作之一。

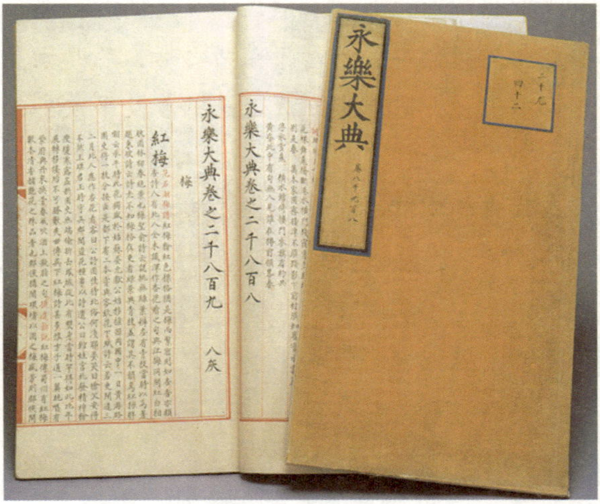

《永乐大典》

据研究，四库全书馆臣先后从《永乐大典》之中辑佚古籍达 9881 种，包括辑出失传文献古籍共计 516 种。其中，388 种收入《四库全书》，128 种列入《四库全书总目存目》。这收入《四库全书》之中的 388 种古籍文献，约 5000 卷，其文字总量大约是《永乐大典》的 1/20。如果没有辑佚《永乐大典》，中国 25 部正史，就会缺少《旧五代史》。

明太祖朱元璋早在建明以前，就选派官员访求天下遗书，入藏秘阁，以资阅览。洪武元年，他建都南京，命大将军徐达统兵北上，占领元大都即北京。徐达入都以后，头等大事就是封存元宫府库图书宝物："大将军收秘书监图书、太常法服。祭器、仪象版籍和元奎章阁、崇文阁等密室图书，尽数载运南京。"

明成祖迁都北京，着手建立北京宫廷藏书。成祖命侍讲陈敬宗："取南京文渊阁所藏古今书籍，自一部至一百部以上，各取一部运送北京。"侍臣们奉旨选书，共取书一百余柜，装船十余艘，从水路过长江，经京杭大运河、通惠河运抵北京。"于是，宋、金、元来皇家之旧藏，群集于北京之文渊阁矣！"可见明代的宫廷藏书，承自宋、辽、金、元的宫廷藏书，是中国历代皇宫藏书的直接继承者。对此，清代大学者朱彝尊有如下评述：

宋靖康二年（1127年），金人索秘书监文集，节次解发。见丁物起《孤臣泣血录》。而洪氏《容斋随笔》亦云：宣和殿、太清楼、龙图阁御府所储书籍，靖康荡析之后，尽归于燕。元平金也，杨中书惟于军前收伊、洛诸书，载送燕都。及平宋，王承旨构首请辇宋三馆图籍。宋之《实录》、正史皆完。当时，敕平章政事太原张易兼领秘书，有诏许京朝官随时借观。由是言之，文渊阁所藏，乃合宋、金、元所储而汇于一，加以明永乐间南都所运百柜。

实际上，明代宫廷藏书是从中国汉唐以来宫廷藏书递衍而来。

明宫皇家书室之中，能与宋、元旧椠比美的，就是由明宫修纂的大型类书《永乐大典》。

类书，就是以类相从的书籍。最晚在三国时期，中国就有类书问世，最著名的早期类书是魏缪袭等人编纂的《皇览》680卷。此后不断有类书面世，主要有：梁刘孝标《类览》120卷；北齐祖珽《修文殿御览》，360卷；唐魏征《文思博要》1200卷；唐欧阳询《艺文类聚》100卷；唐虞世南《北堂书钞》160卷；唐张昌宗《三教珠英》1300卷；宋初四大类书——李昉《太平御览》1000 卷；李昉《太平广记》500 卷；李昉《文苑英华》1000 卷；钱惟演等《册府元龟》1000 卷。

宋初四大类书，基本上是分类抄书，体例方面也是仿自前代，没有突破。《太平御览》就是仿自《修文殿御览》《文思博要》和《艺文类聚》诸书。而且这些类书都是在 1300 卷以下。明初的《永乐大典》多达 2 万余卷，体例上主要依宋钱讽《回溪史韵》和元阴时夫《韵府群玉》，每字依韵目编排。当时纂修此书主要依据宫廷文渊阁藏书，大量的诗文、歌赋、小说、医书、方志之类的珍贵典籍，得以保存。特别是一些当时流行但宫中没有收藏的小说、戏曲也收录其中，十分珍贵，如《薛仁贵征辽》《魏征梦斩泾河龙》等。

《永乐大典》修成于明成祖永乐年间，但早在明太祖洪武二十一年（1388 年）四月，大臣解缙就曾建议纂修。解缙在《上封事万言书》中说："臣见陛下好观《说苑》《韵欣府》杂书与所谓《道德经》《心经》者，臣窃谓甚非所宜也。陛下若喜其便于检阅，则愿集一二志士儒英，臣请得执笔而随其后，上泝唐、虞、夏、商、周、孔之华奥，下及关、闽、濂、洛之佳葩，根实精明，随时类别，以备劝诫。删其无益，焚其谬妄，勒成一经，上接经史，岂非太平制作之一端也欤？"可惜大才子解缙很快陷进了一场政治灾难之中，此议告寝。

明成祖朱棣武力夺取江山以后，倚重大才子解缙，擢迁他为侍读学士，入文渊阁参决机务。永乐元年（1403 年）七月，成祖诏谕解缙：

天下古今事物，散载诸书，篇帙浩穰，不易检阅。朕欲悉采各书所载事物类聚之，而统之以韵，庶几考索之便，如探囊取物尔。尝观《韵府群玉》《回溪史韵》二书，事虽有统而采摘不广，记载太略。尔等其如朕意，凡书契以来经史子集百家之书，至于天文、地志、阴阳、医卜、僧道、技艺之言，备辑为一书，毋厌浩繁。

解缙欣然奉旨，带着一班硕学鸿儒开始编纂这部大型类书。次年十一月廿一日，全书编成，进呈御览以后，成祖赐名《文献大成》。

成祖虽然奖励了纂修人员，但他总觉得此书的完成过于仓促，在许多地方还没有达到自己的要求。于是成祖下令重修此书：以太子少保姚广孝、刑部侍郎刘秀篪和解缙为总裁，总理其事；以翰林学士王景、侍读学士王达等为副总裁。永乐三年正月，在南京文渊阁设立永乐大典馆，开始重修此书，集中了全国各地的硕学鸿儒和中外博学的官员、学者，并选择国子监和各郡县学校善书的生员负责抄写，由光禄寺提供酒食。据记载，参与纂修书籍的人员大约在3000人以上。前后历时3年，全书修成，共22000余卷，成祖很满意，亲自作序，赐名《永乐大典》。

《永乐大典》可以说是一部大型综合性的百科全书，全书共约3.7亿字，分成22937卷，11095册。该书以《洪武正韵》为纲，以韵统字，以字系事，内容包罗万象。明姚广孝在《永乐大典 ·凡例》中称：

是书之作，上自古初，下及近代，经史子集与凡道释医卜杂家之书，靡不收采。诚以朝廷制作所关，务在详备无遗，显明易考。用韵以统字，用字以系事，凡天文、地理、人伦、国统、道德、政治、制度、名物以至奇闻异见、庾词逸事悉皆随字收载。

该书的“二十一条凡例”从原则上规定了全书的收录范围和编纂体例，但在具体的纂修过程中却没有严格遵循。清纪昀在《四库全书总目提要》中评价《永乐大典》之书，明确指出：

或以一字一句分韵，或析取一篇以名分韵，或全录一书以书名分韵，与卷首凡例多不相应，殊乖编纂之体。疑其始亦韵府之体，但每条备具始末，比《韵府》加详。今每韵前所载事韵，其初稿也。继以急于成书，遂不暇随条采掇，而分隶以篇名。既而求竣益迫，更不暇逐篇分析，而分隶以书名。故参差无绪，至于如此。

纪昀还在《四库全书总目提要·子部类书》之中，讥讽《永乐大典》是：“割裂庞杂、漫无条理！”。

尽管如此，《永乐大典》在中国文化史乃至世界文化史上都有着很重要的地位，人们还是从整体上肯定它保存中国文化的价值。

清代大学者全祖望在《立斋闲录》卷三中，就充分肯定《永乐大典》的文化价值，也这样评述：

其例乃用《洪武四声韵》分部，以一字为纲，即取十三经、二十一史、诸子百家无不类而列之，所谓因韵以统字，因字以系事者也。而皆直取全文，未尝擅减片语。夫偶举一事，即欲贯穿前古后今书籍，斯原属事势所必不能。而《大典》辑合并包，不遗余力，虽其间不无汗漫陵杂之失，然神魄亦大矣！

明中期自号草桥子的杭州人郎瑛，一生以委身载籍自居，在所著《七修类稿》中曾感叹这部大书过于庞大，担心恐难流传。他说：

成祖命胡广、王洪等编成一书，名曰《永乐大典》，计二万二千八百七十七卷，一万一千九十五本，目录六十卷。其表文尝见于《螵精隽》中，然亦不叙中之事实，徒具望洋之叹而已。呜呼，《御览》《元龟》不过千卷，人间亦不可得矣，《大典》动以万计，安能使世传也哉？

明末史学家朱国祯，手定国史。他在《涌幢小品》卷二中称：

《永乐大典》，乃文皇命儒臣解缙等粹秘阁书，分韵类载，以便检考，赐名《文献大成》。复以未备，命姚广孝等再修，供事编辑者凡三千余人，二万二千九百三十七卷，一万一千九十本，目录九百本，贮之文楼。世庙甚爱之，凡有疑，按韵索览。三殿灾，命左右趣登文楼出之，夜中传谕三四次，遂得不毁。又明年，重录一部贮他所。

自《永乐大典》正本问世以后，明成祖迁都北京，这部书也一同北上，收藏在紫禁城文楼之中，从此基本上就再没有动过。明孝宗、明世宗喜爱读书，多次用过此书。明孝宗喜欢医书， 曾下令将《永乐大典》中医方抄录出来，赏赐给太医院。明世宗特别喜爱这部大书，吩咐将自己喜爱的数册书籍放在身边。在他的御案上，每天都有几册有关炼丹长寿的《永乐大典》。明世宗时，文楼失火，世宗一夜四次下诏命令抢救《永乐大典》。正本最后完好无损，但世宗仍然不放心，吩咐重新抄录一份，为《永乐大典》副本，收藏于皇史宬。直到清康熙时期，前后历时百余年。

明神宗时，《永乐大典》基本上依然完好。南京国子监祭酒陆可教曾经上书，建议皇帝刊印《永乐大典》。

明中期以后，宫廷藏书管理日渐混乱，包括管理藏书的大臣在内也参与盗书活动，宫廷藏书损失严重。

据《清宫述闻》记载："典司者半系赀郎，于四部之旨懵如，且秩卑品下，馆阁之臣借阅者往往不归原帙。值世庙而后，诸主多不知文，不复留意查核，内阁之储，遂缺佚过半。"

大臣张萱奉神宗之旨检视皇家书室藏书，编纂《内阁藏书目录》。据《明史》记载，张萱进奏说："视前所录，十无二三。所增益者，仅近代文集、地志，其他唐、宋遗编，悉归子虚乌有。""先是，秘阁书籍皆宋、元所遗，无不精美，装用倒摺，四周外向，虫鼠不能损。迄流贼之乱，宋刻元镌胥归残缺。"

有专家认为，明末时《永乐大典》就已经不存于世了。有的说是毁于大火，有的说是随葬于帝陵，有的干脆说去向不明。

明代史学家谈迁认为，大约在明神宗时，《永乐大典》正本就已经失踪，可能毁于大火。他在《国榷》一书中，称："万历末，《永乐大典》不存，抑火失之耶？"

明末太监刘若愚熟悉明宫生活，特别注重于明室收藏，可是他也不知道《永乐大典》的下落。在《酌中志》中，他说："旧《永乐大典》二部，今又见贮于何处也？"

清初史学家顾炎武也持这一看法，他在《日知录》中认为《永乐大典》全部皆失。

清初康熙年间，大臣徐乾学等人奉旨入皇史宬检阅书籍，发现《永乐大典》副本，清点后知道，副本已经残缺，他认为："鼎革时，亦有佚失。”

雍正时，《永乐大典》副本改藏于翰林院敬一亭。雍正、乾隆年间，纂修三礼，设立三礼书局，负责其事的大臣李绂、全祖望在翰林院见过《永乐大典》副本。全祖望兴奋地猜测：《永乐大典》正本没有丢失，而是收藏在后宫正宫的乾清宫。为此，他曾郑重建议，对照正本，将副本补齐。清末时，大学者缪荃孙也认同全祖望的看法，坚持正本收藏于乾清宫，毁于嘉庆年间乾清宫大火。

乾隆初年，建立“天禄琳琅”，《天禄琳琅书目初编》和《天禄琳琅书目续编》都没有著录《永乐大典》。

乾隆三十八年，设四库全书馆，组织儒臣纂修《四库全书》。乾隆吩咐检阅《永乐大典》，收辑佚书。总裁大臣纪昀清查的结果，《永乐大典》缺少1000余册，2422卷。这些书何时散佚，无从知晓，也没有线索，纪昀只能望而兴叹。有人同意康熙时期徐乾学等人的说法，认为这些流失的书籍，可能毁于明亡之际。但是也有人猜测，徐乾学等人是贼喊捉贼，应该是在康熙年间，总裁官徐乾学、高士奇、王鸿绪等大臣奉旨修书，入皇史宬查书，将部分书籍带回家中，没有归还。

据《办理四库全书档案·乾隆三十八年》记载：清乾隆时，皇帝特地命令两江总督高晋、浙江巡抚三宝前往这些总裁官家中，探问这些皇宫秘籍的下落，明确声称：“《永乐大典》是官家之物，即使当年拿取，忘记归还，也属无意收藏，只要交出归还宫中，不予追究。”可惜，连恐带吓也无济于事，一本也没有收回。

乾隆皇帝再三吩咐，寻访《永乐大典》，但一直没有找到正本、副本的足本。皇帝和与修大臣一再感慨《永乐大典》副本不全，众人也在宫里宫外可能存放书籍的地方仔细寻找，并没有发现正本，也没有人提到《永乐大典》正本。这万余册的大型秘籍，如果在宫中，不可能不被发现。乾隆皇帝求书心切，猜想这些丢失的书籍可能会在街巷书肆之中找到，特地派专人前往察访，也没有找到。

乾隆皇帝对《永乐大典》散佚，十分惋惜，也无可奈何。他曾写诗这样感叹：

大典犹看永乐传，搜罗颇见费心坚。

兼及释道欠精覆，久阅沧桑惜弗全！

乾隆皇帝对仅存的《永乐大典》副本十分重视，派专人看护和保管。尽管如此，这部副本也差点被盗。

据《清高宗实录》记载：乾隆三十九年，《四库全书》纂修官黄寿龄，费尽心机，竟然私自将《永乐大典》6册带回家中。不料书籍被人偷窃，黄寿龄四处寻找，没有结果，只好奏报。

乾隆皇帝得讯大怒，指责说："《永乐大典》，为世间未有之书！本不应该听纂修等携带外出！"乾隆吩咐，立即查询明确，据实覆奏，并命令步军统领尚书英廉严格访查，缉拿窃贼！一时之间，全城戒严，到处搜查。

因为门禁森严，搜查严密，全城大小书肆店铺又不敢收购，这几册宫中之物的《永乐大典》一时无法脱手，盗贼万般无奈，只好在深夜悄悄将这6册书籍放在大臣经过的御河桥边。6册秘籍失而复得，乾隆皇帝喜出望外，但同时依然余怒未消，下令将纂修官黄寿龄罚俸三年！乾隆又命四库全书馆制订严密措施，不许将宫中秘籍携带出宫。

《四库全书》修成后，一些大臣打《永乐大典》的主意，奏称《永乐大典》精华采尽，糟粕可捐，是多余之物，可以弃之。宫中秘籍，保存严密，当然不会贸然弃之。

嘉庆时期，纂修《全唐文》，大臣曾奉旨入阁，查用《永乐大典》。

道光年间，纂修《大清一统志》，儒臣也曾检阅和查用秘阁珍藏的《永乐大典》。

清末时，秘阁书籍管理松懈，一些不良儒臣发现有机可乘，起了贪婪之心，费尽心机地偷窃宫中秘本《永乐大典》。

清末史官缪荃孙著《艺风堂集》，书中记载：翰林大臣文廷式等人，每天早上进翰林院时，特地让随从携带一个包袱，内装自己穿的棉袍。晚上离开翰林院时，这些贪婪的大臣将棉袍穿在身上，将秘阁《永乐大典》2册书籍，打成同样大小的包袱，带回自己家中。这些伎俩，伪装巧妙，门卫如何知道？日复一日，月复一月，百余册书籍就这样悄然消失。

这些不良翰林大臣偷窃《永乐大典》，起先有些害怕，后来发现没人追究，也无人过问，没有风险，于是渐渐胆大起来，公然倒卖。早眼馋皇宫秘籍的洋人，知道宫中秘本流失宫外，立即四处打探，千方百计收购。他们暗中联络，以高价收购，每册10两银子。这样大量的《永乐大典》秘本流入洋人手中，被带出中国。

光绪元年（1875年），清廷重修翰林院，清点秘本《永乐大典》，发现只有将近5000册。宫中秘本丢失严重。可是大臣们的偷窃没有停止，仍在继续，而且愈演愈烈。

光绪二十年（1894年）六月，帝师翁同龢奉旨入翰林院查阅书籍。据《翁同龢日记》记载：当时查阅之结果，发现《永乐大典》只有800册了！

之前咸丰十年（1860年），英法联军入侵北京，洗劫圆明园，也拿走了大量宫廷珍藏的《永乐大典》。英国人对这些秘阁典籍兴致最浓，拿得最多，这些秘籍很快被带回英国。40年后，八国联军再次入侵北京，大肆抢劫。据英人朴笛南姆威尔之《庚子使馆被围记》记载：当时，位于东交民巷的翰林院紧邻使馆，沦为战场，贮存《永乐大典》的翰林院敬一亭惨遭不测，几乎被毁，内中的秘籍大部分葬身火海，幸免于难的少部分书籍则横七竖八的散落一地。有些士兵感觉这些书籍体积大，比较结实，干脆将这些书籍当作砖头或器物用，有的用作马槽，有的用于工事，有的干脆铺路！

英国大使馆紧邻翰林院，英国人盗窃和抢劫《永乐大典》最积极，收获也最多。《庚子使馆被围记》中这样描述参与八国联军抢劫活动的英国军人：翰林院里的藏书，排列成行，一望无尽。这些都是前人苦心经营的文字，都是手抄本，大约有数千万卷！这些典籍与黄金等价。在猛烈的枪声中，有人将火抛入翰林院中，无价之文字，大多被焚。龙式池子和井中，书函狼藉，为人所抛弃。有华丽绸面的书籍，都是手订本。也有善书者抄写的文字，都被人随意丢弃。在使馆中研究中国文学的学者，看见宝贵的皇宫秘籍如此之多，都是平时所不能见到的书籍，心中不忍，拣选抢归。自火光中寻觅一路，抢之而奔！……将来中国遗失之文字，或在欧洲出现，亦一异事也！

经过一次次的浩劫，皇宫珍本《永乐大典》被抢劫之后，流散到世界各国，有的收藏于国家图书馆，有的被私人图书馆或者个人收存，还有一些出现在书肆、旧书店、捐卖行。

日本是抢掠中国秘籍最多的国家，也一直千方百计地收购中国古籍，特别是皇宫秘籍。

1914 年，中国官员董康私自携带 17 册宫廷秘籍《永乐大典》前往日本，被日本以低价收购，日本人喜出望外。

英国人莫利逊创办了莫利逊文库，它就是日本东洋文库的前身。莫利逊在庚子之变中，参与了抢劫秘本《永乐大典》，抢到了 6 册。莫利逊去世后，东洋文库从莫利逊的妻子手中接受了 6 册《永乐大典》，并指示代理人在北京等地全力收购《永乐大典》。这样，他们在很短时间内又获得了多册《永乐大典》。1943 年春天，东洋文库获得一个重要消息：嘉兴大藏书楼嘉业堂，要出售所珍藏的《永乐大典》，共计 49 册！东洋文库决意要获得这批秘本，开始费尽心机，不择手段。他们勾结大连满铁图书馆的奸人松冈洋右，强行收购了这批珍本，收藏于满铁图书馆。

日本收藏中国皇宫秘本《永乐大典》多达 55 册，包括：日本东洋文库 34 册，日本静嘉堂文库 9 册，日本天理图书馆 3 册，日本帝国图书馆 2 册，日本帝国大学图书馆 1 册，日本大阪府立图书馆 1 册，私人收藏5册等。

收藏《永乐大典》仅次于日本的是：美国45册，英国37册。包括：美国国会图书馆40册，美国康乃尔大学图书馆5册；英国牛津大学图书馆12册，英国大英博物馆10册，英国马登氏藏书9册，英国伦敦大学3册，英国剑桥大学2册，英国伦敦图书馆1册等。

据记载，当时中国国家图书馆收藏《永乐大典》110册，后来商务印书馆捐赠国家图书馆21册，苏联列宁格勒大学移赠11册，天津市副市长周叔弢捐赠1册，以及苏联列宁图书馆转赠从满铁图书馆收缴的51册、苏联科学院捐赠的1册，东德总理捐赠的3册，共计198册。加上北京大学图书馆收藏4册，燕京大学图书馆收藏1册，加上私人收藏大约14册，中国大陆共拥有215册。另外，中国台湾也有收藏，共计8册，包括民国时南京中央图书馆6册、中央研究院历史语言研究所2册。（另有说法台北藏62册）20世纪50年代中国共有《永乐大典》225册。

中国人很爱惜自己的文物，特别是皇宫珍宝秘籍，一直在千方百计地搜罗、调查和收购：

1920年，叶恭如先生在伦敦发现了《永乐大典》戏字韵一册，立即买下，带回中国。

1951年，苏联列宁格勒大学东方学系图书馆将所藏抢劫来的珍本《永乐大典》11册归还给中国，由中国文化部接收，转交国家图书馆。

1954年，苏联列宁图书馆将从满铁图书馆收缴的《永乐大典》51册，归还给中国，由外交部接收，转交给国家图书馆。

1954年，中国代表团访问苏联，苏联科学院将所藏《永乐大典》梦字韵1册归还中国代表团。

1955年，东德总理格罗提渥访问中国，将在庚子之变中抢劫到德国、收藏于德国莱比锡大学图书馆的《永乐大典》3册归还给中国。

《永乐大典》收藏情况一览表

（20 世纪 50 年代）

国家	收藏者	收藏数量	备注
中国（225 册）	国家图书馆	198 册：	
		110 册	本馆所藏
		51 册	列宁图书馆捐赠
		21 册	商务印书馆捐赠
		11 册	列宁格勒大学捐赠
		3 册	东德总理捐赠
		1 册	苏联科学院捐赠
		1 册	周叔弢捐赠
	私人收藏	14 册	
	北京大学图书馆	4 册	
	燕京大学图书馆	1 册	
	民国南京中央图书馆	6 册	运往台湾
	民国中央研究院	2 册	运往台湾
日本（55 册）	前大连满铁图书馆	51 册	后苏联收缴转赠中国
	日本东洋文库	34 册	
	日本静嘉堂文库	9 册	
	日本天理图书馆	3 册	
	日本帝国图书馆	2 册	
	日本帝国大学图书馆	1 册	
	日本大阪府立图书馆	1 册	
	日本小川睦之辅氏	1 册	
	日本石黑传六氏	1 册	
	日本内藤乾吉氏	1 册	
	日本市谷村顺氏	1 册	
	日本上野精一氏	1 册	
美国（45 册）	美国国会图书馆	40 册	
	美国康乃尔大学图书馆	5 册	
英国（37 册）	英国牛津大学图书馆	12 册	
	英国大英博物馆	10 册	
	英国马登氏	9 册	
	英国伦敦大学	3 册	
	英国剑桥大学	2 册	
	英国伦敦图书馆	1 册	

（五）《永乐大典》歌

据记载，乾隆皇帝极喜爱明本《永乐大典》，发现该书每卷尾有余纸，十分喜欢，特地撰写《永乐大典余纸歌》，并亲自写序：

乾隆癸巳（三十八年）春，诏开四库全书馆。命翰林诸臣，取院中所贮嘉靖重录《永乐大典》，分种编辑，每卷尾有余纸，以赐诸臣。谨装册赋诗纪焉：

澄心堂纸欧阳诗，此纸年数倍过之。
况闻郁冈比韵海，不徒博物赐陟厘。
中天帝文四库启，秘阁特遣儒臣披。
尾曰侍郎臣拱上，院体细楷沙画锥。

幅余茧素灿如雪，诏给臣等供其私。
归来作笺效古样，试墨但愧无好词。
院斋去春宿旬月，篇目二万重寻思。
借编崇文秘书录，因想解缙刘季篪。

历城周髯要我咏，六十卷第钞已疲。
莫生界画索小字，灯前絮语又及期。
笑人装潢熟纸匠，万番惟案徒手胝。
勿言文董但一艺，赝语想象无由追！

乾隆皇帝为诗作注，在“此纸年数倍过之”后，这样注释：“欧集有《澄心堂纸》诗，计其时距南唐后主仅百年耳。此纸自明嘉靖时重录《永乐大典》，计至今二百六十七年矣！”全诗之后，乾隆皇帝注道：“相传《永乐大典》有董手书，觅之不得。考此书，重录于嘉靖四十一年，至隆庆初年而竣。文待诏卒于嘉靖三十八年，董宗伯生于嘉靖三十四年，是时才八九岁，俱无写是书之理，盖讹传也！”

（六）《侍文渊阁》歌

乾隆四十四年二月四日，上御经筵，赏识翁方纲的学问，特旨翁方纲以校理侍文渊阁。

翁方纲在皇宫殿阁之中，校理秘籍，编纂群书，感慨良多，写有《侍文渊阁》歌，记述了当时自己在宫中编纂书籍的感受和皇宫秘阁的地理位置、官职设置、阁中秘籍的情况：

中天书库照万方，群玉册府开文昌。
今之文渊古秘阁，帝作之记文津详。
勒碑阁东仰宸翰，复书于阁于中央。
汇流澄鉴榜四字，倚天照水金煌煌。

又题先天生一义，成之地六阴含阳。
五奇五耦象结构，最西一架其梯桄。
前临方池后叠石，石回轩砌池映廊。
文华后檐主敬对，以次而北围红墙。

昔闻迤东五楹制，东西内署分两房。
金元上溯宋三馆，书目辑到孙与张。
何幸重开际熙代，集成图史垂缣缃。
圣人有作道统备，声金振玉谟洋洋。

诏裒四库极万种，天禄特启诸琳琅。

四方购献卷各万，散篇大典搜遗亡。
武英缮录兼校刻，文渊规式爰料量。
先是浙中范氏阁，献书图绘来帝傍。

帝曰麟台有故事，领阁直阁咨官常。
提举校理及检阅，翰林詹事局与坊。
遴选俾充典司职，全书荟要齐轴装。
五年奏最褒锡屡，二月讲帷春昼长。

是日御讲易论语，先劳无倦益道光。
墀下讲官拜稽首，桥边绿树仁风翔。
天光下临步井阁，万卷一气生晶芒。
云团九光日五色，精神万古会一堂。

传心东殿俨晤对，羲农轩尧舜禹汤。
诸子诸史总别集，纯乎至理非文章。
帝以躬行为论说，即以实践为收藏。
不需辟蠹用芸叶，自有至治为馨香。

臣等校雠日何补？周阿趋步徒彷徨。
源于孰讨津孰逮，渊乎大海谁为梁？
圣学高深极广大，游其下者胥以匡。
目营非可寸尺度，面立更恐行习忘。

昔者胡俨顾清赋，仅侈台榭夸芬芳。
元秘书志事无纪，宋崇文目卷既荒。
礼仪职官与经籍，由乎百世等百王。

每来阁前辄愓息，况承謦亥瞻丹黄。

作君作师本合一，中规中矩惭趋跄。
不独一十六载忆，香案西侧陪班行。

据档案记载，可以印证《侍文渊阁》歌的描述：

乾隆四十五年，文渊阁内里仙楼上下书格，共计一百九座。添安樟木素券口牙子二千二百四十块。漏风屉子下衬平长松木托枨三千三进六十根。又，仙楼上，东西二稍间门旁，撤去书格四座。书格背后，续添槛窗，里面嵌扇花心十六扇，贴落槛墙板四槽。

（七）记过处分

《四库全书》之底本，有四大来源：《永乐大典》辑出本、内府本、官修书和进呈本。如此众多的书籍，必须进行认真的分类、整理，提出应抄、应刻、应存等明确意见。一旦确认为《四库全书》所用底本，就要进行下一步细致加工，分夹签、眉批。

分校官写出初审意见、校勘错别字之处，以签写明，称为夹签，又称飞签。分校官的意见贴于卷内，送呈纂修官审阅，纂修官以朱笔写出复审意见，送总纂官三审，称为眉批。总纂官可以自己写明意见，也可以采用纂修官或者分校官的意见，然后送皇帝御览钦定。

《四库全书》之抄录，是十分繁重的文案工作。最初抄录员是由各级政府官员保荐的，后来发现屡有贿赂发生，用人方面也参差不齐，于是乾隆皇帝指示进行统一考核、录取：朝廷事先张贴告示，由应征者报名；当场书写各体字数行，择优录取。然而这一方法能够确保抄书质量，却不能担保抄录员的人品，皇宫安全也没法保证。最后，改从乡试落第生员之中选择字迹均净者，给予录用。

据记录，编《四库全书》先后选择了3826人，负责全书抄录工作。抄录工作是十分艰辛的，定量定额：每人每天抄写1000字，100天10万字，每年最低抄写33万字；5年，抄写180万字。每天，约有600人从事抄录工作，一天可抄录60万字。朝廷奖惩分明，规定：5年期满，抄写200万字者，列一等；抄写165万字者，列二等。按照不同等级，分别奏报议叙，授予州同、州判、县函、主簿等政府官职。凡是字体不工整者，记过一次，罚多写1万字！

纂修《四库全书》，是一个浩大的工程。从征书、分类、提阅、审稿，到纂修、抄写、核勘、装帧、收藏等等，都需要严格组织、严密管理，需要大量人力、物力和财力。一个环节出错，整体修书质量就会受到影响。

乾隆皇帝对于纂修和校对工作十分关注，精选大臣，授予要职，给予优厚的待遇。但是一旦发现出错，乾隆皇帝一定会给予严厉警告。严重者，会给予严厉制裁。

校勘，是全书最后一道工作，也是最繁重的工作，责任重大。为此，四库全书馆特地制订了《功过处分条例》，明确规定：

1. 所错之字，如果系原本讹误者，免其记过。

2. 如果原本无讹，确系誊录致误者，每错一字，记过一次。

3. 如查出原本错误，签请改正，每一处，记功一次。

4. 各册之后，开列校刊人员衔名，明确职责。

每部书籍，经分校、复校、总校，最后由总裁官抽查、审阅。乾隆皇帝随时莅临检查、抽阅。确实无误之后，所定书籍送交内府装潢、装订。

据档案记载，从总纂官、总校官到抄录员，几乎每人都有记过记录；最多者，记过多达数千次！

（八）《四库全书》之问世

《四库全书》的纂修，历时十年，四部内府抄写本先后告竣，分别入藏内廷四阁：紫禁城文渊阁、承德避暑山庄文津阁、御园圆明园文源阁、盛京文溯阁。

《四库全书》工程浩大，规模空前：共计 36283 册，收书 3474 种，共计 790039 卷，分装 6144 函；《四库全书》存目，共计 6793 种，93551 卷。

《四库全书》收录了自上古至清代所有重要著作；但是除乾隆皇帝之外，尚在人世的作者著作不收。书中，收录了历代皇帝的全部御制作品，包括梁元帝《金镂子》，宋高宗《翰墨志》，乾隆皇帝《日知荟说》《乐善堂文集》等。

《四库全书》内容十分丰富，分 4 大部类，下细分 44 小类、66 属：

经部，包括：易类、书类、诗类、礼类、春秋类、孝经类、五经总义类、四书类、乐类、小学类等 10 个大类。其中，礼类分为周礼、仪礼、礼记、三礼总义、通礼、杂礼书等 6 属，小学类分为训诂、字书、韵书 3 属。

史部，包括：正史类、编年类、纪事本末类、杂史类、别史类、诏令奏议类、传记类、史钞类、载记类、时令类、地理类、职官类、政书类、目录类、史评类等 15 个大类。其中，诏令奏议类分为诏令、奏议 2 属，传记类分为圣贤、名人、总录、杂录、别录 5 属，地理类分为宫殿疏、总志、都会郡县、河渠、边防、山川、古迹、杂记、游记、外记 10 属，职官类分为官制、官箴 2

《钦定四库全书》书影

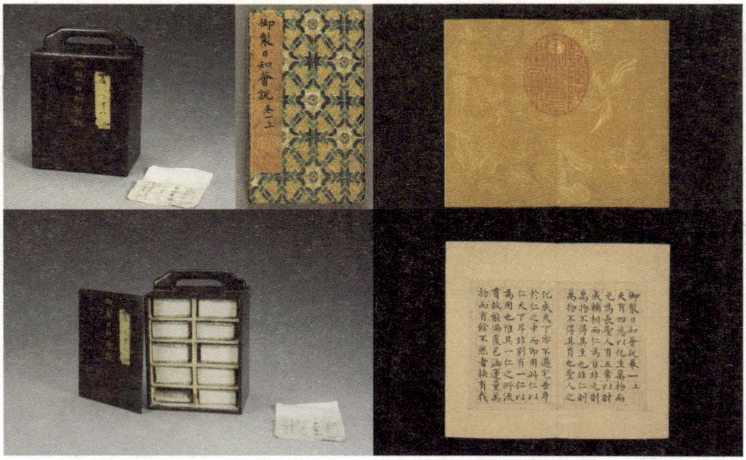

《御制日知荟书》

属，政书类分为通制、典礼、邦计、军政、法令、考工 6 属，目录类分为经籍、金石 2 属。

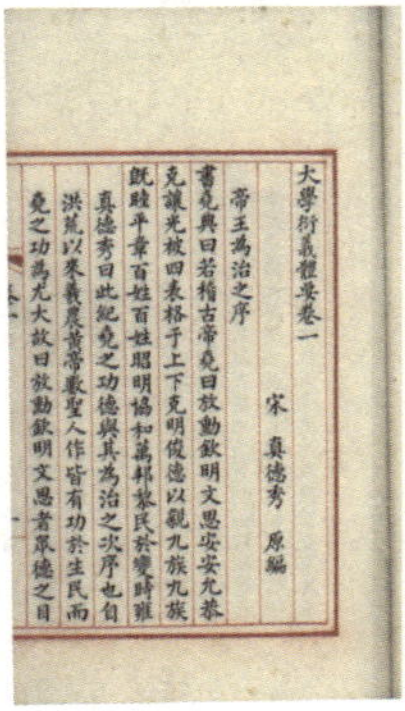

《大学衍义》卷端

子部，包括：儒家类、兵家类、法家类、农家类、医家类、天文算法类、术数类、艺术类、谱录类、杂家类、类书类、小说家类、释家类、道家类等 14 大类。其中，天文算法类分推步、算书 2 属，术数类分为数学、占侯、相宅相墓、占卜、命书相书、阴阳五行、杂技术 7 属，艺术类分为书画、琴谱、篆刻、杂技 4 属，杂家类分为杂学、杂考、杂说、杂品、杂纂、杂编 6 属，小说家类分为杂事、异闻、琐语 3 属。

集部，包括：楚辞、别集、总集、诗文评、词曲等 5 个大类。其中，词曲类分为词集、词选、词

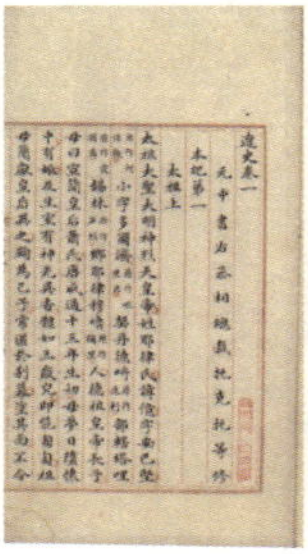

《辽史》卷端

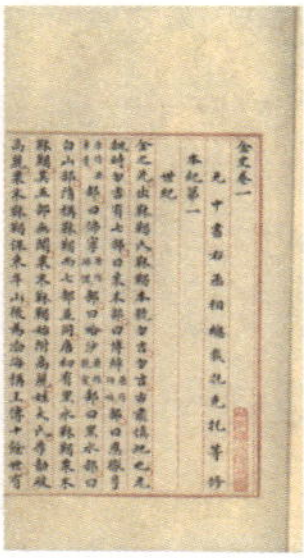

《金史》卷端

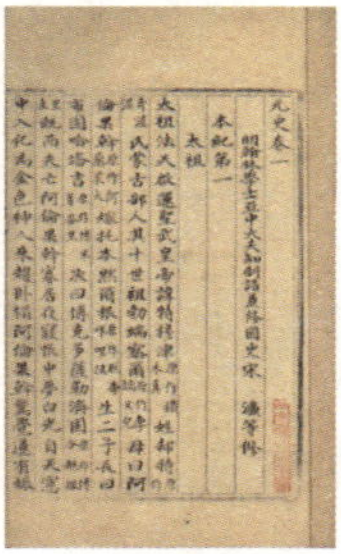

《元史》卷端

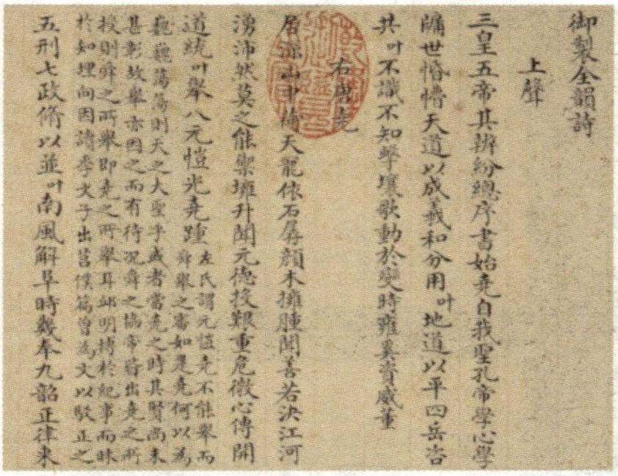

《御制全韵诗》卷端

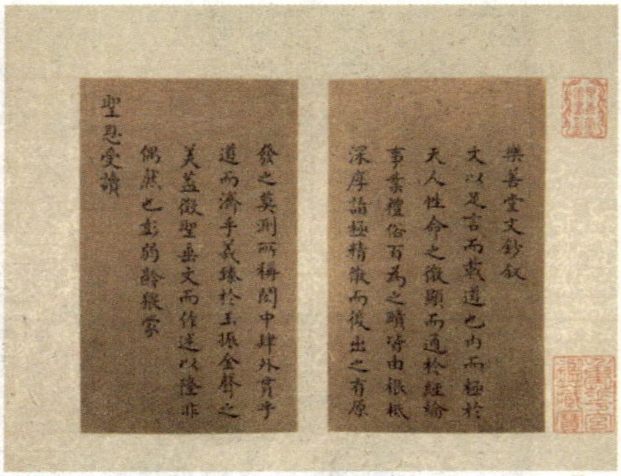

《乐善堂文钞序》

话、词谱词韵、南北曲 5 属，就著者而言包括帝王、大臣、文人、隐士、妇女，僧人、道家、宦官、军人、外国人等各类人物。

史书记载："《四库全书》每部以香楠木两片上下夹之，约以绸带，外用香楠木匣贮之。书面皆用绢，经用黄，经解用绿，史用赤，子用蓝，集用灰色，所约带及匣是镌书名悉从其色。"经、史、子、集四部按四色装潢。

（九）《四库全书总目》

《四库全书总目》，为我国古代最大的官修图书目录。清礼部尚书、协办大学士纪昀为总纂官。纪昀称："余于癸巳受识校书，弹仆年之力，始勘为总目二百卷，进呈乙览。"

四库全书的馆臣们，对誊录入库的 3400 余种图书（称"著录书"）和抄存卷目的 6700 余种图书（称"存目书"）全部写出提要，这就是《四库全书总目》，又称《四库全书总目提要》，或简称《四库总目》。

《四库全书总目》自乾隆三十八年（1773 年）开始编修，至乾隆四十六年（1781 年），初稿基本完成。从此以后，这部中国历史上最大的丛书总目得以广泛流传。这部大型丛书总目主要版本有两种：

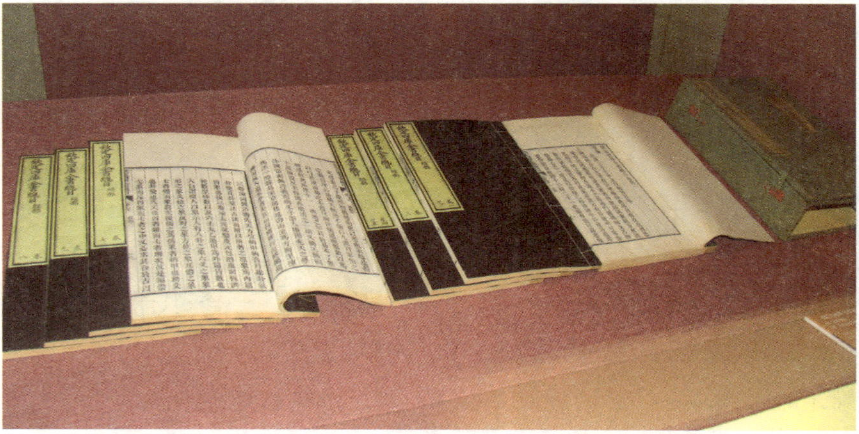

《钦定四库全书总目》经部

一是殿本系统，一是浙本系统。

嘉庆二十五年（1820 年），杭州承办盐商吴恒聚等人，承造《文澜阁四库全书书目清册》，同时载录了《钦定四库全书考证》100册，分隶库书经、史、子、集四部；《钦定四库全书简明目录》8册，置于全书之首。三部珍籍，皆为写本。《清册》之中，没有武英殿刊本，或者武英殿聚珍本之记载。

《四库全书总目》200卷于乾隆四十六年二月全书编纂完成。乾隆四十七年（1782 年）七月，修改审定，成为定稿。乾隆降旨，拟缮写正本四份，分别收藏于文渊阁、文源阁、文津阁、文溯阁，由皇家四阁收藏、陈设；并且，“请交武英殿刊刻颁行”。

因为《四库全书》规模浩大，各馆之中尚有未成之书，须续纂提要，按照不同部类归入各部，所以直到乾隆五十一年（1786 年），副总裁曹文埴才正式上书，奏请刊刻，并缮写式样。然而，因为随后查出李清等人之违禁书籍，乾隆皇帝降旨，《四库全书总目》再经反复复查、修改。乾隆六十年（1795 年）十一月，《四库全书总目》始由武英殿刊刻、刷印、装潢，是为最为珍贵的武英殿刻本，简称“殿本”。故宫图书馆馆长陶湘先生编辑《故宫殿本书目》，著录《四库全书总目》为乾隆五十四年刻本，不确。

乾隆六十年（1795年）十月，浙江布政使谢启昆等刊竣《四库全书总目》卷首一卷，底本是文澜阁所藏的写本《四库全书总目》125册。这是《四库全书总目》的第一部刻本，称为“浙本”。

《四库全书总目》从编纂到武英殿刻本问世，前后历时大约十五年时间。在这期间，《四库全书总目》一直处于纂修、修订、审核、调整、删改等状态。武英殿刻本和浙江本，基本上是同年问世；从时间上说，浙本略早殿本一个月。因此，坊间所称“浙本翻刻殿本”之说，纯属无稽之谈。

同治七年（1868年），广东以浙本为底本，进行翻刻，称为“粤本”。

《四库全书总目》三种刻本，以宫廷刻印的武英殿刻本版本最佳，以浙本流传最广。

可以说，《四库全书总目》基本上囊括了清乾隆以前中国古代几乎所有的重要古籍，特别是元代以前的珍贵古籍更加完备。全书纲举目张，分为经、史、子、集四大部类；大类之下，细分为小类；小类之下，再分子目。每大类和小类之前，均有小序；子目后面，均有按语，简要说明此类著作之发展源流，以及划分类、目之理由。

《四库全书总目》清晰地著录了清乾隆以前包括哲学、史学、文学以及科学技术等诸方面之文化典籍一万余种，是中国收书最多的古代目录著作。书中专门写有内容提要以及相关评论，为后世学者研究中国古代社会之政治、经济、文化、历史，提供了一部翔实、系统的珍贵书目。

三、四库七阁

（一）殿阁之制

文渊阁的名称最早见于明代，明太祖朱元璋建都南京，就创建了明宫最早的宫廷藏书楼文渊阁：“明太祖始创宫殿于南京，即于奉天门之东，建文渊阁，尽贮古今载籍。”明成祖朱棣打败侄子建文帝后，决定迁都北京。他吩咐按照南京皇宫规制，营建北京宫殿。《明实录》记载，明宣宗称：“太宗皇帝肇建北京，亦开阁于东庑之南，为屋凡若干楹，高亢明爽，清严邃密，仍榜曰文渊。”可见在明初时，先后营建南京宫殿和北京宫殿，南京皇宫和北京皇宫分别建造了文渊阁。

明末时，北京文渊阁不存在了，可能毁于明末战火，史料记载不详。

清代文渊阁有双重功能：一是殿阁大学士的称谓之一，一是宫廷藏书楼。

顺治十五年（1658 年），清廷改内三院为内阁，设翰林院，正式确立殿阁大学士之制：“以大学士分兼殿阁，称中和殿大学士、保和殿大学士、文华殿大学士、武英殿大学士、文渊阁大学士、东阁大学士”，共四殿二阁大学士，相当于国务委员，构成王朝政务中枢成员。顺治末年（1661 年），恢复内三院，撤除内阁、翰林院。康熙九年（1670

年），再撤内三院，恢复内阁、翰林院，其殿阁职衔沿顺治十五年之制。乾隆十三年（1748年），确定三殿三阁大学士之制：保和殿、文华殿、武英殿三殿和文渊阁、体仁阁、东阁三阁，以三殿三阁大学士为定制。殿阁大学士，相当于宰相。

清初虽有文渊阁大学士之名，但宫廷之中却并没有文渊阁："本朝定制，以文渊阁为大学士兼衔，第仍其名而未议建设之地"。《四库全书》开始纂修以后，乾隆皇帝就开始考虑贮藏的问题。他说："凡事，预则立。书之成虽尚需时日，而贮书之所，则不可不宿构。宫禁之中，不得其地，爰于文华殿后建文渊阁以待之。文渊阁之名，始于胜朝，今则无其处，而内阁大学士之兼殿阁衔者尚存其名。兹以贮书所为，名实适相副。"

（二）建筑规制

乾隆三十八年二月，乾隆皇帝下令开设四库全书馆，正式编纂《四库全书》。第二年，乾隆皇帝下令专门建造收藏《四库全书》之所。

乾隆皇帝知道藏书之所是有讲究的。浙江宁波私人藏书家范懋柱，家中藏书甚富，听说其天一阁藏书楼"纯用砖甃，不畏火烛，自前明相传至今，并无损坏，其法甚精。"于是，他特旨杭州织造寅著："亲往该处，看其房间制造之法若何？是否专用砖石，不用木植？并其书架、款式若何，详细询问，烫成准样，开明丈尺，呈览。"

当时杭州织造寅著奉命前往查看后进奏：

阁共六间，西偏一间安设楼梯，东偏一间以近墙壁，恐受湿气，并不贮书。惟居中三间，排列大橱十口，内六橱前后有门，两面贮书，亦为可以透风。后列中橱二口，小橱二口，又西一间排列中橱十二口，总计大小书橱共二十六口。

经过比较，乾隆皇帝亲自确定规制，下令按照天一阁建筑规制，在文华殿后建造宫廷藏书楼："取其阁式，以构庋贮之所。"

（三）清文渊阁

乾隆四十年（1775年），文渊阁正式动工。第二年，全阁顺利建成。

文渊阁巍峨雄伟，楼阁坐北朝南，阁的下面是高大的汉白玉石台基，两座山墙都是青砖砌筑的，从地面直到屋顶，简洁、厚实，朴素淡雅。顶部是黑色的琉璃瓦，以绿色琉璃瓦剪边。黑色主水，以水压火，意在确保藏书楼的安全。

文渊阁建成以后，在其下层正中三间，计划收藏《四库全书总目考证》和《古今图书集成》一部，按照经、史、子、集四部排列，各书均收贮于宫廷特制的楠木书匣之中。

紫禁城文渊阁

《四库全书》第一部缮录告竣，乾隆四十六年正月廿一日，奉贮于文渊阁，由乾隆皇帝亲自主持。七部之中，这是第一部，也是缮写最工正、校勘最精细的一部。全书 79030 卷，分装成 36000 册，分别收贮于 6750 个书函之中。

就在这一年，乾隆皇帝颁谕，明确批示入藏的《四库全书》，何时正式入藏，书册前后钤盖何印："文渊阁新藏《四库全书》，自四月四日始，每册用御宝二：前曰文渊阁宝，后曰乾隆御览之宝。"每部书以香楠木两片上下夹护，约以绸带，收贮于香楠木木匣之中。书面皆用绢，经部用黄绢，经解用绿绢，史部用赤绢，子部用蓝绢，集部用灰绢。所有书籍，约带、木匣上所镌书名，应当与所用绢色一致。

随后，清宫规模最大的内府抄本《四库全书》、清雍正四年铜活字本《钦定古今图书集成》，一同入藏文渊阁，按照经、史、子、集四部分类，逐层分架排列：

第一层，收藏《钦定古今图书集成》《四库全书总目考证》和《四库全书》经部，22 架，分东西两边按序排列。中间设皇帝宝座，为皇帝入阁读书和经筵讲座之处。

第二层，正中三间是空的，与一层相通，周围设置楼板，此层设书架 33 架，收藏史部书。

第二层是暗层，光线微弱，虽然重在藏书，不便阅览，但是在尽东头南墙下设有一通大铺，可就座阅书。

第三层，宽敞明亮，西尽间是楼梯间，连接上下，其他五间相通，依序排列子部书 22 架、集部书 28 架。此层明间，设立两处御榻，一南一北，锦垫丝帘，以备皇帝随时入阁观览。

翁方纲当时任四库全书校理，特旨观览入藏陈列，之后作歌记述了这件文化盛事：

四库四部编摩新，十年秘帙承丝纶。

特开高阁仿天一，文渊文源溯与津。
仲春上日御经筵，赐茗阁下优儒臣。
文华主敬相次比，方池汇鉴渊写神。

迢迢阁影矗云汉，万椟栉比罗青旻。
去冬缮书初报蒇，雪晴春仲前一旬。
铜乌风定下照水，金户日丽无纤尘。
帘卷栏回静如镜，签排帛拭光流银。

琅函镌目贮之椟，册以椟计参差匀。
三万六千括象数，二十八舍环星辰。（凡三万六千册，六千一百余函，每架四层，为函四十有八。）
内以经部外子史，经纬表里齐衡钧。
芸香宝气近帝座，四壁彝训敷言申。（书椟四壁，皆御题《四库全书诗》。）

羲文字画即河洛，范畴锡福于下民。
线装黄袱珍重棒，字字伦叙纲纪陈。
鲁鱼常教忆扫叶，典谟岂止思书绅。
臣自去冬忝再入，屈指癸岁交庚辛。

阁旁小松昔新植，已复茂绿承温仁。
冉冉红云傍檐宿，咕咕好鸟来喧辰。
但给扫除亦荣幸，何况登阁绸书人。
徘徊直房过亭午，红桥柳拂波粼粼！

清代文渊阁，主要用于收藏《四库全书》《古今图书集成》。其结构虽然与范氏天一阁相同，但藏书却多出一倍有余：

视范氏所藏，几轶出一倍以上。故阁之外观虽如天一阁，采用重檐，而内部结构复利用腰檐，地位增为上、中、下三层。至于各书之排列，下层中央三间置《总目》《考证》及《图书集成》，左右梢间置《四库》经部，而以史部度之中层，子部、集部度之上层。

书橱之数，除中层外，其余各室胥于左右壁，各列书橱二具，中央复置方橱一。阁下层内部，于次间左右，利用书架为间壁，使中央三间形如广厅。厅中央设宝座，即昔日经筵赐茶处。座后自东至西装隔扇，尽明次三间。

自隔扇后，经左右旁门，绕至东西梢间。东梢间于南窗下置榻，西梢间于西壁南端辟小门，自此至尽间。经楼梯可达中层，其余书架配列，与前后窗位置二室一律。又尽间，除前述小门外，南北均设隔扇，与前后廊相通。

中层仅有东西梢间及走廊，其中央三间，洞然空朗，即广厅上部也。走廊位于后部通柱与金柱之间，其北侧装板壁，列书架，南侧则沿金柱施栏盾，下临广厅，俱东西梢间。因书架位置以隔扇与栏杆合用，手法略异……惟明间正中施落地罩，前后各置御榻，为他室所无耳。外部色绿，以寒色为主，为此阁特征。

文渊阁的建成，是清廷一件十分重大的事情，乾隆皇帝格外重视。皇帝经筵日讲，向无赐茶之例。清雍正年间，增赐茶之典，下旨于文华殿赐茶。文渊阁建成后，乾隆下旨，经筵之后于文渊阁赐茶，以示重视。

乾隆四十七年，皇帝御经筵，讲课毕，幸文渊阁赐宴，隆重招待《四库全书》修纂官员。

大殿宝座前设立御宴，在阁内分别设立总裁官、总阅官、领阁事官、提举阁事官等宴席，阁外廊中设立总纂官、直阁事官员宴席，纂修官、校理官、总校官、分校官、提调官、检阅官等宴席分别设于大殿丹墀内。

庭中台上上演戏剧，皇帝临宴入座，命诸皇子率侍卫为诸大臣敬酒。所有与宴大臣赐坐，进茶、进酒、进果品。宴毕，皇帝命诸王子分颁恩赏总裁官等 9 人、总纂官等 77 人如意、文绮、杂佩、笔墨、砚笺等等。皇帝设宴，主要纂修官员奉旨入宴，以示恩宠。其余没有与宴的誊录官员等人，分别颁赐宴席果品食物。

乾隆皇帝称："今《四库全书》，每部三万六千册。又《荟要》，每部一万二千册。自癸巳（三十八年）年起，至今壬寅（四十七年），将及十年间，《荟要》两部及《全书》第一部，共六万册，均已蒇事装潢贮阁。"

乾隆皇帝《圣制春仲经筵有述》诗云："讲筵重启仲之春，书仪经言细绎循。知者乐而仁者寿，在知人复在安民。崇文讵祗诠其语，实力犹应行以身。高阁虽云落成久，书成四库庆斯真。"乾隆在诗后注解："文渊阁落成已久，而《四库全书》第一部昨岁冬始得告成。今排列架上，古今美富，毕聚于此，实为庆幸。"从此以后每年仲春经筵毕，皇帝赐茶文渊阁成为定例。

文渊阁幽静秀丽，特别是阁后的假山和阁东的御制碑亭，令大臣感叹，对这神秘之地，更加神心向往。翁方纲写《文渊阁假山十二韵》诗，描述了他所看到的景致：

奎阁澄渊镜，崇规积石嵌。
自然仁知合，不是斧斤劖。
高下层青抱，回环象皱巉。
道山崇磊砢，玉圃秘嶄岩。

画水坡如映，金峦翠不芟。
近天承雨露，得地荫松杉。
北苑同能事，南垣创大凡。（华亭张涟字南垣，以北苑诸家画法创意作假山，今禁苑山石多本其法。）

玲珑排扣砌，结构对琅函。

信有仙人奕，来窥石室岩。
五丁非变幻，二酉并森严。
星宿方探海，蓬瀛不借帆。
坐来忘暑序，真个称水衔。

翁方纲是文渊阁校理，特旨管理文渊阁藏书。按当时宫中规定，每年固定在三月、六月、九月，文渊阁要进行开窗、曝书，具体事宜由校理诸臣负责，分日入直。喜欢用诗歌记载阁中事务的翁方纲，也写下了《文渊阁曝书恭纪十六韵》诗，记述了当时曝书的实况，这是史料中十分罕见的：

芸阁初藏岁，秋光最爽晨。
计厨旬日阅，分直两班轮。
丽日乾坤照，需云雨露新。
琅函端有耀，壁府本无尘。

跪近薇垣座，欣瞻玉字陈。
朱丝凝点漆，素茧滑流银。
自古刊藤竹，惟贞净粉筠。
生香蕊珠秘，聚蠹习鳞珍。

蜡笈矾蒌法，青黄皂白均。
料治非一日，晒晾必更巡。
金钥崇文掌，都官秘府亲。
较量梅雨夏，未若菊华辰。（《四库全书》告成，初定以五六月仿宋秘书省仲夏曝书之制，后改定三六九月。）

至道秋阳曝，中天瑞景申。
分光窗霱霱，吹皱水粼粼。
翠气来松石，祥云集凤麟。
归来谈典故，渺尔筑亭人。

乾隆皇帝对于文渊阁藏书的管理十分细致，圣谕明确到什么人充文渊阁检阅，在皇帝临御阁中时站班等等。乾隆四十四年二月，乾隆降谕："现充文渊阁检阅、内阁中书八员，于朕御文渊阁时应行站班，俱赏戴朝珠。"

道光年间，大臣曾国藩曾任文渊阁直阁校理，每年二月侍从道光皇帝入阁看书，并因之得以亲眼看见了文渊阁本《四库全书》。曾国藩观览阁中藏书之后感叹："其富过于前代，所藏甚远，而存目之书数十万卷，尚不在此列。"

（四）皇家特色

按照乾隆皇帝的指示，文渊阁在建筑规制上基本仿照浙江宁波天一阁，但是在具体建筑方面却多有不同之处。

天一阁作为清代江南地区最负盛名的藏书楼，在命名、建制、藏书诸方面都是别出心裁。天一阁，其名取自古代"天一生水，地六成之"之说。其建筑规制上，是一座二层小楼，砖木结构、重檐、硬山顶、六开间：楼下六间，一字排开，分别隔断成独立的藏书室。楼上，尽西侧为楼梯间；东侧是一小间，空置不用，居中三大间，连为一体。这种结构，楼下分隔为六间，楼上通为一大间；在阁前凿池蓄水，正是古人"天一生水，地六成之"之意。在建筑装饰上，分别在阁顶、梁柱上饰以青、绿二色的水锦纹和水云带。

作为清代江南地区最负盛名的藏书楼，天一阁专门在阁前凿池蓄水，以防不测。而典籍的收藏更是极为讲究，在上下六开间的二层楼房中，只有楼上通为一间的居中大屋用来贮书。书橱都不靠墙，而是放置在屋子中间，楼房前后开窗，书橱亦前后开门，以便通风，防止潮湿。可以说，天一阁的命名、规制和庋藏，都完美地体现了防火的理念和藏书的功能。

文渊阁仿效天一阁的规制，在外观上也分上下二层，面阔六间，各通为一，沿袭了天一阁“天一生水，地六成之”的寓意。其构造则为水磨丝缝砖墙，深绿廊柱，菱花窗门，歇山式屋顶，上覆黑琉璃瓦。以绿琉璃瓦镶檐头，屋脊饰以绿、紫、白三色琉璃，浮雕波涛游龙，所有的油漆彩画均以冷色为主，营造出皇家藏书楼典雅静谧肃穆的气氛，而与整个紫禁城宫殿黄色琉璃、朱红门墙的暖色格调和喜庆氛围截然不同。文渊阁的前廊设回纹栏杆，檐下倒挂楣子，檐柱是绿色的，檐上画苏式彩画，赏心悦目。阁前凿一方池，池中蓄水，池水引自金水河。池上架有一座拱形石桥，石桥和方池四周都是汉白玉栏板，雕刻有各种水生动物图案，刻画精美。书阁后面以太湖山石堆成一座假山，山洞通向后门。假山其间，植有众多松柏，历时数百年依然苍劲挺拔、郁郁葱葱。书阁

文渊阁碑亭

东部建有一座乾隆皇帝御碑亭，盝形亭顶，覆以黄色琉璃瓦，造型精致而独特。亭内竖立一座石碑，正面镌刻着乾隆皇帝的“御制”碑文，正是乾隆撰写的《文渊阁记》，背面刻着乾隆皇帝《文渊阁赐宴御制诗》。

可见，文渊阁的建置既参照了天一阁的规制，又根据传统的官式做法和皇家建筑的特殊身份而作了创造性的发挥。

除宫廷建筑与民间建筑在规模和形式上的区别而外，文渊阁与天一阁最主要的差异还在于内部构造的改进。天一阁上下两层，文渊阁则采取“明二暗三”的建造方式，即外观看上去重檐两层，实际上却利用上层楼板之下的腰部空间暗中多造一夹层，全阁共有上、中、下三层。这种建造方式，俗称“偷工造”，既美观大方，又节省工料，还特别实用，便于贮书，反映了清代宫廷建筑在工程设计和建造艺术上的高度技巧和水平。

（五）皇家四阁

乾隆皇帝最初设想，《四库全书》修成以后，抄写四部，分别收藏在人称“皇宫四阁”的皇家之地：“一以贮紫禁之文渊阁，一以贮盛京兴王之地（文溯阁），一以贮御园之文源阁，一以贮避暑山庄，则此文津阁之所以作也。”后来乾隆觉得江南是人文渊薮，士子们一心读书治学，为方便江南士子读书，也为了笼络汉族知识分子，乾隆皇帝特下圣谕，再缮三份《四

杭州文澜阁

文渊阁宝

文源阁宝印

库全书》，在江浙分别建造三阁加以收藏。三阁建成之后，乾隆亲自赐名：镇江金山寺为文宗阁，扬州天宁寺为文汇阁，杭州圣因寺为文澜阁，又称“江南三阁”。相对而言，宫廷四阁称为“北四阁”。

热河避暑山庄行宫著名的风景区千尺雪之外就是文津阁，始建于乾隆三十九年，第二年夏天就建好了，乾隆五十年春入藏一部《四库全书》，首页钤“文津阁宝”，末页钤“避暑山庄”“太上皇帝之宝”。乾隆皇帝亲自题匾，前建趣亭，东有月台，西耸西山，完全仿照范氏天一阁。

圆明园四达亭的文源阁稍晚于文津阁建成。据史书记载：“圆明园内水木明瑟之北，稍西为文源阁，上下各六楹。阁中所悬匾额，和阁内‘汲古观澜’额，都是乾隆御书。阁前耸立一方巨石，名为玲峰，刊刻御制《文源阁诗》。阁东亭内石碣，上刊御制《文源阁记》。”乾隆四十九年春入藏一部《四库全书》，首页钤“文源阁宝”，末页钤“圆明园宝”“信天主人”。

乾隆四十年在紫禁城东华门内文华殿之北开始兴建文渊阁，第二年建成。此阁也是严格按照天一阁的建筑形式精心建造，凿方池，架木桥，注入河水，叠假石为山，遍植松柏。乾隆四十七年春最早入藏一部《四库全书》，首页钤“文渊阁宝”，末页钤“乾隆御览之宝”。

沈阳盛京故宫的文溯阁，在北四阁中建筑时间最晚，建成于乾隆四十七年。据记载："阁在宫殿之西，正宇六楹，东西游廊二十五楹，明楼一座，敞轩五楹，南配房十七楹，东西南北耳房六楹，直房十四楹……碑亭一座，宫门三楹。阁南檐前，恭悬御书清汉字'文溯阁'匾额一。碑亭内，恭镌《御制文溯阁记》《御制宋孝宗论》，俱清、汉文。"同年十月入藏一部《四库全书》，首页钤"文溯阁宝"，末页钤"乾隆御览之宝"。

（六）四阁之命名

《四库全书》的纂修，历时十年，四部抄写本先后告竣，分别入藏内廷四阁。四阁都是乾隆皇帝亲自命名的，分别为文渊、文源、文津、文溯，为何都有文有水？

乾隆皇帝这样解释："四阁之名，皆冠以文，而若渊、若源、若津、若溯，皆从水以立义者，盖取范氏天一阁之为。"乾隆皇帝认为，中国文化源远流长，如浩瀚江河；儒家经史子集，若文若渊，有流有派。他说：

文之时义，大矣哉！以经世，以载道，以立言，以牖民。自开辟以至于今，所谓天之未丧斯文也。以水喻之，则经者文之源也，史者文之流也，子者文之支也，集者文之派也。派也、支也、流也，皆自源而分，

沈阳文溯阁

集也、子也、史也，皆自经而出。

故吾于贮四库之书，首重者经。而以水喻文，愿溯其源……盖渊即源也，有源必有流，支派于是乎分焉。欲从支派寻流以溯其源，必先在乎知其津。弗知津，则躐迷途而失正路，断港之讥有弗免矣。

《御制文溯阁记》玉册

《御制文津阁作歌》扇

《御笔文源阁记》玉册

（七）宫廷职责

文渊阁建成之后，乾隆皇帝下令制定文渊阁官制职掌、阁书管理章程。乾隆四十一年（1776 年）六月，乾隆皇帝降谕，明确指示设立领阁事、直阁事管理阁中事务：

方今搜罗遗籍，汇为《四库全书》，每辑录奏进，朕亲批阅厘正。特于文华殿后建文渊阁弆之，以充册府而昭文治，渊海缥缃，蔚然称盛。第文渊阁，国朝虽为大学士兼衔，而非职掌，在昔并无其地。兹既崇构鼎新，琅函环列，不可不设官兼掌，以副其实。自宜酌衷宋制，设文渊阁领阁事总其成，其次为直阁事，同司典掌，又其次为校理，分司注册点验。

所有阁中书籍，按时检曝，虽责之内府官属，而一切职掌，则领阁事以下各任之，于内阁、翰、詹衙门内兼用。其每衔应设几员，及以何官兼充，著大学士会同吏部、翰林院定议，列名具奏，候朕简定，令各分职系衔，将来即为定额，用垂久远。

大学士舒赫德奉旨具体负责其事，他召集有关官员，详细议定文渊阁官制、职掌及管理章程。舒赫德等大臣奏称，参照宋代馆阁制度，议定：

1. 设立文渊阁领阁事 2 人，以大学士、协办大学士、翰林院掌院学士兼充，总司典掌。

2. 设立文渊阁直阁事 6 员，以由科甲出身之内阁学士，由内班出身之满詹事、少詹事、侍读、侍讲学士，以及汉詹事、少詹事、读讲学士等官兼充，同司典守之事。

3. 设立文渊阁校理 16 人，以内班出身之满庶子、侍读、侍讲、洗马、中允、赞善、编修、检讨，以及汉庶子、读、讲、洗马、中、赞、修撰、编、检，及由科甲出身之内阁侍、读等官兼充，分司注册点验之事。

4. 内务府大臣兼充文渊阁提举阁事衔，负责日常管钥、启闭等事。

5. 设文渊阁检阅官 8 员，由领阁事大臣于科甲出身之内阁中书内选任，于检曝书籍时，诣阁点阅。

乾隆皇帝批准，文渊阁官制确定。当年七月，乾隆皇帝任命大学士舒赫德、于敏中为文渊阁领阁事。任命署内阁学士刘墉，詹事金士松，侍读学士陆费墀、陆锡熊，侍讲学士纪昀、朱珪等 6 人为文渊阁直阁事。十月，任命翰林官员翁方纲等 16 人为文渊阁校理。

（八）宫廷装帧

《四库全书》卷帙繁富，为了便于识别和检阅，书册采用按部分色装裱，以不同颜色绢面，区别经、史、子、集各部书籍。

乾隆皇帝开始指示，以经史子集四部，各依春夏秋冬四色：经部用青色绢，史部用赤色绢，子部用月白色绢，集部用灰黑色绢。以色分部，一目了然。但到最后成书时，四部用色与最初的设想略有出入：经部用绿色，史部用红色，子部用蓝色，集部用灰色。乾隆皇帝有诗为证："浩如虑其迷五色，挈领提纲分四季。经诚元矣标以青，史则亨哉赤之类。子肖秋收白也宜，集乃冬藏黑其位。"

《四库全书总目》，由于"此系全书纲领，未便仍分四色装潢"，故专"用黄绢面页，以符中央土色，俾卷轴森严，益昭美备"。

《四库全书》是内府精抄本，在用纸、装帧和贮藏诸方面都十分讲究。纸张上，选用浙江所产的特制宫廷开化榜纸，纸白质坚，吸墨性好。书册装帧上，采用绢面包背装，即书叶正折，版心朝外，书叶两边向书背，以纸捻订牢，用丝绢面包裹书背。

（九）宫廷书库

为了更好地保管和利用《四库全书》，乾隆皇帝指示制作精致的楠木书架、书函，分别标明经史子集各部、册；每若干册书，编为一函，衬以夹板，束之绸带；书函一端，可以开闭；每函函面，端楷刻写全书名称、书函序号以及所属部类和具体书名，饰以相应颜色。如《尚书详解》一函六册，函面刻写“钦定四库全书 第二百七函 经部 尚书详解”，字迹均为绿色。

按册装函之后，四部书籍按相应部类顺序，放入书架之中。

据统计，文渊阁中有“经部书二十架，每架四十八函，凡九百六十函，分贮下层两侧；史部书三十三架，每架亦四十八函，凡一千五百八十四函，藏于中间暗层；子部书二十二架，每架七十二函，凡一千五百八十四函，安放上层之中；集部书二十八架，每架亦七十二函，凡二千零十六函，分置于上层两旁。总计一百零三架，六千一百四十四函，三万六千册。”为便于查阅，宫中特别绘制了《四库全书排架图》。

（十）宫廷管理

《四库全书》入藏以后，文渊阁各项管理工作正常运转起来。领阁事管理日常事务，总司其责。提举阁事，负责具体事务，督率所辖内务府司员，从事看守、收发、扫除等各项杂务。直阁事、校理、检阅各员，每日轮流入直，负责书籍的查点、检阅等事。

为便于管理，乾隆皇帝指示，在文渊阁东边的上驷院，拨出房屋十余间，作为领阁事、提举阁事大臣，并直阁事校理、检阅等官，以及内务府司员、笔帖式等人入直办事之所。

当时，宫廷管理规定：

1.除内务府官员之外，直阁事校理、检阅等官员，每日轮派二人当直。

2.辰入申出，率以为常。

3. 遇有查取书籍时，由当直校理经管，随时存记，以备查核。

4. 一切上架、启函、翻检、点阅等事，由检阅各官会同内务府官员办理。

5. 直阁事官，不时赴直，会同照料。

6. 凡遇当直，皆由官厨供应午餐，午后乃散。

7. 日常入直之外，每年定时曝书：原拟章程，参照宋代秘书省每年仲夏曝书，后定于每年五六月间曝书；藏书入阁后，依照宫中各处书籍曝书成例，确定每年三、六、九月晾晒书籍。

文渊阁曝书，成一时盛事：领阁事、提举阁事大臣率直阁事、校理、检阅、内务府司员、笔帖式等各级官员人等齐聚一堂，将插架诸书按部请出，交校理各官登记档册；检阅各官逐本翻晾，完毕，敬谨归入原函。

文渊阁所设各项官职，分别由内阁、翰林院、内务府和奉宸苑等衙门派员兼任，时间一长问题就出来了：职责不清，互相扯皮，每年按季曝晒书籍也只是应付差事。乾隆皇帝发现了这些问题，他指示由提举阁事专门负责："文渊阁提举阁事一员，系由总管内务府大臣兼充，其司员以及看守扫除之人，皆其所辖，呼应较灵……交提举阁事一人专为管理，其领阁、直阁、校理、检阅等官，俱作为兼充虚衔，不必办理本阁事务"。针对每年数次曝书成例，乾隆皇帝说："各书装贮匣页用木，并非纸背之物，本可无虞蠹蛀。且卷帙浩繁，非一时所能翻阅，而多人抽看曝晒，易至损污；入匣时，复未能详整安贮，其弊更甚于蠹蛀……嗣后，止须慎为珍藏，竟可毋庸曝晒。其地面一切，亦无须奉宸苑经理。庶专司有人，而藏书倍为完善。"曝书工作，就此停止。

四、《四库全书》的流传

“四库”的称谓，最早始于初唐，其皇家书库藏书，按照经、史、子、集四大部类分类收藏，称为“四部库书”，人称“四库之书”。

《四库全书》卷帙浩繁，在世界上也是独一无二的。

据专家统计，全书8亿余字，约230万页。如果一个人一天读2000字，一年365天读72万字，读整整100年，还没有读完。

《四库全书》的纂修及其完成，并不是一帆风顺的，也是经历了坎坷，与修大臣因之多次遭到处罚。

较严重的一次，就是“遗失”《四库全书》底本30余种。总裁官王杰郑重参奏，乾隆皇帝震怒，以陆费墀专责提调，前后数年，事出其一人之手，命将其解任收监审讯。后来查明底本没有遗失，实在是因为书卷浩繁，收发不清所致，别无情弊。乾隆皇帝这才释怀，下旨将陆氏复职。

可是，因校纂《四库全书》失职，乾隆皇帝再次震怒，纂修尚书纪昀被罚令重缮应行赔写之书，提调官陆费墀这一次也是在劫难逃，被革去其提调官之职，罚令出资装潢文汇阁、文宗阁、文澜阁三阁书函。

大臣蔡新曾领书局，尝语人曰：“吾校《四库》书，坐讹字夺俸者数矣！然校书时，得于《永乐大典》中见世无传本之书，亦殊幸事！”

根据乾隆皇帝的指示，这套全书，先后抄写了7套，藏于皇宫、行宫和江南各地。目前，7套书只剩下3套半。

《钦定四库全书简明目录》书卷及书盒

文渊阁本在台北故宫博物院，文渊阁、文渊阁本书架和纪均手书内府本《钦定四库全书简明目录》依旧在北京故宫博物院。

文津阁本，由中国国家图书馆收藏。

文溯阁本，甘肃省图书馆收藏。

半部是文澜阁本，在太平天国战火之中损毁过半，后屡经抄补，基本齐全，今藏于浙江省图书馆。

圆明园文源阁本和江南文宗阁本、文汇阁本3套，在战火中被毁，荡然无存。

五、总裁永瑢、永璇、永瑆

（一）永瑢

爱新觉罗·永瑢，清乾隆帝六子（1743年-1790年），号“九思主人”。多才多艺，工诗、擅画，主要作品有《岁朝图》《枫溪垂钓图轴》。永瑢生于清乾隆八年（1743年）十二月十四日，生母是纯惠皇贵妃苏氏。

乾隆二十四年（1759年）冬，永瑢17岁，他奉旨过继给乾隆的二十一叔、慎靖郡王允禧，封贝勒。乾隆三十四年十月，奉旨管理内务府事务。乾隆三十七年十月，封质郡王。乾隆三十八年九月，受到乾隆皇帝特旨，充四库全书馆总裁。乾隆四十四年二月，奉旨监管

永瑢 山水

钦天监事务。乾隆五十四年十一月，晋封质亲王。乾隆五十五年（1790 年）五月初一日，爱新觉罗·永瑢薨，谥曰“庄”。

永瑢写有不少诗歌作品，最后结集为《九思堂诗钞》。绘画方面，深得宫廷画师徐浩笔意，擅长画花卉，画法古雅、清淡、苍茫、飘逸，兼有少谷、沱江之胜。山水画师法王时敏、大痴黄公望，绘画成就较为突出，但是缺少博大之气息，或许是由于天分使然。其代表作品，包括《岁朝图》《枫溪垂钓图》《严阿清溪图》等。

《瓯钵罗室书画过目考》《八旗画录》《历代画史汇传》等画评专著称，永瑢早年完成的《岁朝图》画意过于放纵，画面缺少皇家气息，缺乏内敛。《枫溪垂钓图》是永瑢较为成熟的作品，富有个性和韵味。

《永瑢像》

《枫溪垂钓图》完成于乾隆庚寅年（1770年）之重九佳节。当时，永瑢27岁。这幅作品较之《岁朝图》仅仅晚了两年，可是两幅作品有着天壤之别。人们感叹，他在绘画创作上为何能够取得如此长足之进步。由此可见，永瑢是一位早熟的画家。可惜天不假年，二十年后，永瑢英年早逝。

永瑢去世后，在世上留下了为数不多的绘画。从这些绘画作品中，可以清晰地感受到，当时的皇家教育非常严格，学习全面，较为系统。皇子的书法、绘画功底深厚，反映了皇室和贵族子弟在汉文、儒学、文学、艺术诸方面有着较深的造诣。

乾隆皇帝非常赏识自己的第六子永瑢，欣赏他的作品之余，特地题诗："学余游艺亦功夫"。由此可见，永瑢等诸皇子不仅接受宫中严格的教育，也接受皇帝严厉的督导。皇六子永瑢，正是在皇权的威慑下，在父皇乾隆皇帝的指导、鼓励下，潜心经史，游艺丹青，远离权力之争，寄心于斗室一隅，移情山水，作诗绘画，消磨时日。

永瑢《平安如意图》

永瑢雅好诗文，喜欢治印。

其主要印鉴包括："辞翰升堂为君扫、绀珠、皇六子印、皇六子章、质王、叨身基旅、六籍同功、眠琴绿荫、深心托毫素、真趣非外借、松下清斋摘露葵、新诗改罢自长吟、一盏秋灯夜读书、心画、师米、形之不形、养正吉、永瑢、永瑢曾观、于意云何"等等。从印章之中，可以感觉到永瑢是一位很有文人情趣的皇子。

史家对于永瑢的评价较高，认为他具有政治才干，是一位多才多艺之人。据史书记载，他亦通晓天文、算学，喜欢藏书。李盛铎木犀轩藏书之中，有永瑢校点的明刊本《老子·鬳斋·鬳义》二卷，以及《列子·鬳斋·鬳义》二卷。傅增湘《双鉴楼藏书题记》中，有永瑢收藏的影宋本《离骚集传》。

乾隆三十七年（1772年），永瑢30岁，乾隆皇帝特旨晋封他为质郡王。随后，乾隆皇帝任命他为《四库全书》正总裁。后来，乾隆皇帝任命他为总管内务府大臣，主持操办乾隆七旬万寿庆典等。

《四库全书总目提要》前有《进书表》，这是乾隆四十七年七月《四库全书》修成之后，领衔纂修《四库全书》的诸位大臣进呈给乾隆皇帝的正式奏折，标志着《四库全书》这部大型丛书正式完成。《进书表》的最后，开列了12位领衔纂修大臣，为首第一位就是永瑢。

《进书表》后是《乾隆四十七年七月十九日奉旨开列办理〈四库全书〉在事诸臣职名》。这份职名表，是一长串纂修官员名单，包括正总裁、副总裁、总阅官、总纂官以及收掌官、监造官等等，共计362人。《职名表》为首第一位也是永瑢，当时他的头衔是皇六子、多罗质郡王。

《四库全书》是乾隆皇帝钦定的大型文化工程，是乾隆皇帝稽古右文、标榜乾隆盛世的文化大典。这项浩大的文化工程，乾隆皇帝举全国之力，动用空前的人力、物力、财力，在规定的时间范围内，必须全力以赴地完成。为了确保这项大型文化工程顺利完成，乾隆皇帝建立了一套完整、严密、庞大的领导和纂修班子，建立四库全书馆。这个庞大的领导班子中，总裁是最高指挥官，他必须统筹兼顾，总览全局，全面协调，左右逢源。这位总裁，必须博览群书，地位尊崇，精明强干。谁来担当重任，领导这个庞大的纂修班子？乾隆皇帝经过深思熟虑，决定由皇六子永瑢充当总裁。由此可见，乾隆皇帝对永瑢何等之器重！

乾隆五十四年十一月，永瑢封为庄亲王，时年 47 岁。第二年，皇宫之中正待迎接乾隆皇帝的八旬万寿庆典，五月初一日，永瑢不幸病逝，终年 48 岁。

（二）永璇

爱新觉罗·永璇（1746 年－ 1832 年），乾隆皇帝第八子。其生母是淑嘉皇贵妃金氏，其封号是和硕仪慎亲王。乾隆四十四年三月，初封多罗仪郡王。嘉庆四年正月，晋封和硕仪亲王，命总理吏部事务，主持清除和珅党羽。二月，自请罢去所管部务。嘉庆七年十二月，以功劳卓著，嘉庆降旨加给其一子贝子爵位。嘉庆十八年九月，永璇禁中制贼有功，嘉庆降旨开复其所有处分。嘉庆二十五年十月，以王属尊行，免宴见行叩拜礼。道光十二年八月初七日，薨，终年 87 岁，是清朝最长寿之皇子，谥号曰“慎”。

在乾隆诸位长子中永璇年龄较长，乾隆皇帝曾经一度器重永璇，任命他为《四库全书》总裁。然而永璇不爱读书，举止很轻浮，做事不得体，人缘不太好，乾隆皇帝对他非常失望，曾公开斥责他不成体统。

《清史稿》这样记载永璇一生及其子绵志：

仪慎亲王爱新觉罗·永璇，清高宗第八子。乾隆四十四年，封仪郡王。嘉庆四年正月，进封亲王，总理吏部。二月，罢。乾隆皇帝降谕：“六卿分职，各有专司。原无总理之名，勿启专权之渐。”

嘉庆十三年正月，乾隆皇帝降谕：“内廷行走诸王，日入直。仪亲王，朕长兄，年逾六十，冬寒无事，不必进内。”

嘉庆十四年正月，封其子绵志为贝勒。嘉庆十七年，以武英殿刻《高宗圣训》，误书庙讳，罢亲王俸三年。

嘉庆十八年，林清之变，贼人进入紫禁城。届时，绵志从宣宗，发鸟枪殪贼。仁宗褒其奋勇，加郡王衔，加俸岁千两。永璇以督捕勤劳，免一切处分。

嘉庆二十年七月，命祭裕陵。阻雨，还京。嘉庆降旨治罪，坐降郡王，并夺绵志郡王衔以及加俸，仍罚王俸五年。

嘉庆二十四年正月，恢复绵志郡王衔，赐三眼孔雀翎。七月，坐刺探政事，上谕："朕兄仪亲王，年已七十有四，精力渐衰。所领事务甚多，恐有贻误，探听尚有可原。朕不忍烦劳长兄，致失颐养。嗣后，止留内廷行走。平日，不必入直。"六月，绵志纵妾父冒职官诈赃，夺郡王衔，罚贝勒俸四年。

嘉庆二十五年七月，宣宗即位，谕仪亲王不必远迎。又谕，召对宴赉，毋庸叩拜。

道光三年正月，绵志复郡王衔，加俸。

道光八年正月，命在紫禁城乘轿，并加赏俸银五千，以示亲亲敬长之意。十一月，复谕：朝贺，免行礼。

道光十年十月，永璇诣圆明园视大阿哥，径入福园门。降谕治罪，罢绵志官。

道光十一年，谕寿皇殿、安佑宫：当行礼时，于府第内行礼。又谕：元旦，暨正月十四日，宗亲筵宴，均免其入宴，别颁果肴一席。

道光十二年八月，薨，年八十八。赐银五千两，治丧。道光皇帝亲临，赐奠，谥曰慎。

（三）永瑆

爱新觉罗·永瑆（1752 年 -1823 年），乾隆皇帝第十一子，生母为淑嘉皇贵妃金氏。

永瑆天赋极高，自幼就练习书法，工于书法。乾隆皇帝深为爱之，每每幸其府第，观赏其书法。乾隆皇帝吩咐，将宫中历代名家法帖，送到永瑆府中，供他观赏、临摹。长大以后，乾隆皇帝亲自选婚，永瑆嫡福晋富察氏是大学士傅恒之女即孝贤皇后侄女。永瑆博览群书，多才多艺。乾隆皇帝爱惜永瑆之才，一度器重他，任命他为《四库全书》总裁，主持大型丛书之纂修事宜。

嘉庆皇帝亲政以后，重用皇兄永瑆。嘉庆四年正月，仁宗任命永瑆在军机处行走，总理户部三库。清廷惯例，亲王无领军机者；领军机亲王，自永瑆始。二月，嘉庆皇帝降旨，仪亲王永璇，罢总理吏部事务；同时，降谕永瑆，俟军务奏销事毕，不必总理户部事务。

永瑆 书法

嘉庆四年三月，和珅以罪伏诛。嘉庆皇帝没收和氏园第，赐给永瑆。七月，永瑆上书，请辞总理户部三库，嘉庆皇帝允之。八月，编修洪亮吉上书永瑆，讥讽朝政。永瑆立即上奏皇帝，嘉庆震怒，治洪亮吉罪。此事记载于《清史稿 洪亮吉传》。十月，嘉庆皇帝降谕："自设军机处，无诸王行走。因军务较繁，暂令永瑆入直，究与国家定制未符，罢军机处行走。"

嘉庆十八年，林清之变起。变故之时，嘉庆皇帝远在热河避暑山庄。当时永瑆正在紫禁城内督捕，平定事变有功。嘉庆皇帝嘉其勤劳，特降谕旨，免其一切处分，以及未完之罚俸。

后史载：

嘉庆二十四年正月，加其子不入八分辅国公绵勤郡王衔。五月，祭地坛。终献之时，赞引失误。永理不辨，依以行礼。嘉庆皇帝不悦，以永理年老多病，降旨罢其一切差使，不必在内廷行走，于邸第闭门思过，罚亲王半俸十年。绵勤，降旨罢内大臣，居家侍父。

嘉庆二十五年六月，绵勤卒，赠郡王。有司请谥，以非例斥之，著为令。不久，仁宗驾崩，有旨，免迎谒。十月，命其曾孙载锐，袭贝勒。道光二年十月，上还自行在，永理进食品十六器，道光皇帝以事出非例，却之。道光三年三月，薨，年七十二岁，赐银五千两，治丧，谥曰哲。载锐，袭郡王。绵勤，及载锐父奕绶，并追封如其爵。咸丰九年，薨，谥曰恭。子爱新觉罗·溥庄，袭贝勒，加郡王衔。

永理工于书法，是一代著名书法家。最初学赵孟頫书法；后来学欧阳询书法；最后吸取众家之长，博览宫中历代名家书法，广泛地临摹晋、唐、宋、明各家名帖，书法别具一格，形成了端正清丽、劲俏流畅之风格。

从书法结构上看，他的书法风格更多地承袭了赵孟頫之书法特色，书体淳厚，字画圆润，造型端美，具有宫廷馆阁体之特点；同时，他的书法体势之中，具有欧阳询书法之转折遒劲的特征，这一点，有别于馆阁体之一味端正俊美。永理以楷书、行书著称于世，与翁方纲、刘墉、铁保并称“乾隆书法四大家”。

永理曾闻康熙时期内监言其师少时，及见董其昌以前三指握管悬腕作书。永理广其所说，作拨镫法，推论书旨，悬腕书法，深得古人用笔之意。嘉庆皇帝闻其书法日进，悬腕之功了得，特别降旨命其书《裕陵圣德神功碑》；并且令其自择书迹，刻为《诒晋斋帖》，以皇帝手诏为书序。永理如期完成，刻成法帖。嘉庆皇帝大喜，吩咐收藏宫中，颁赏臣工。

杨翰著《息柯杂著》，称：“王得窥内府所藏，而自藏又甚富，故书法大备如是，大抵皆从帖中问津，未深究古碑耳。”“诒晋斋书，素未究心。但知其从赵承旨，上溯欧阳率更，虽偶涉诸家，终不离两家宗旨。集卷随手杂临，竟有脱尽町畦，不似本家笔意者。篆、隶亦有法度，盖书非一时，临非一家，不甚经意，而精神所寄，一一浑足，此无意胜于有意也。”

清礼亲王昭梿著《啸亭杂录》，称：“永瑆幼时握笔，即波磔成文。少年，工赵文敏。又尝见康熙时内监言其师少时，犹及见董文敏用笔，惟以前三指握管，悬腕书之，故王广推其语，作拨镫法。”“永瑆，名重一时，士大夫得片纸只字，重若珍宝。论者谓国朝自王若霖（澍）下，一人而已。”

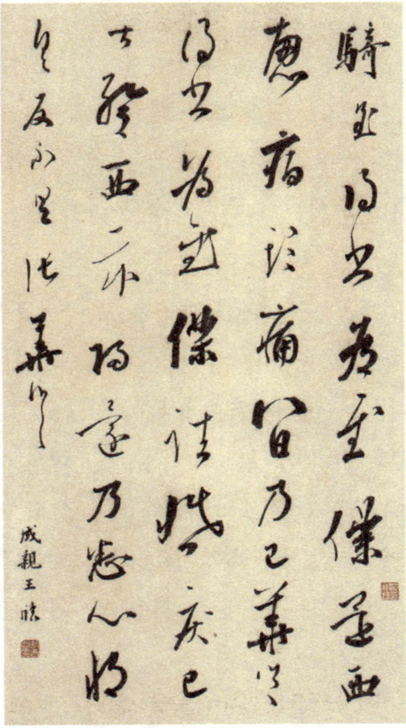

永瑆 书法

永瑆善收藏，家中富于藏书，以经、史、子、集编次为目。因家藏有陆机真迹《平复帖》，于是名其藏书处为“诒晋斋”；另外，有“看云阁”“听雨屋”等处藏书，所藏珍品多为宋元旧刻秘籍。据称，其所藏宋元时代之书画，为一时之冠。他喜爱法书，刊刻有《诒晋斋法书》，著有《诒晋斋诗文集》《诒晋斋随笔》《仓龙集》《听雨屋集》等。喜欢刻藏书印及闲章，主要有：“皇十一子诒晋斋印记、皇子永瑆之印、成亲王、校理秘文、皇十一子永瑆鉴赏古书真迹珍藏之印、诒晋斋印、皇十一子”等。永瑆对于收藏，十分自得，曾经自题诗称：“锦轴牙签富自夸，深居也说积书家。空巢未肯从东野，拈买犹须叹浣花。”

永理存世书帖主要有：

《诒晋斋书》，5卷。嘉庆九年（1804年），奉旨摹勒，长沙陈伯玉、元和袁治刻。此帖，专刻永瑆一人之书。首卷，为御制文4种；后4卷，以临古为主，共19种。此刻因摹勒出自名手，永瑆摹古之功极深，为一代名帖，颇为可观。

《寿石斋藏帖》，4卷。嘉庆十年（1805年），昆山孙铨撰集，陈景川刻。孙氏曾汇刻清代七十四家书，又名《寿石斋藏帖》；藏帖，专刻其所藏永瑆一人之书，共60余则。

《诒晋斋巾箱帖》，16卷。嘉庆十二年（1807年），金匮钱泳摹勒4卷，名“巾箱帖”。嘉庆十六年（1811年），增刻4卷，名“集锦帖”。嘉庆十七年（1812年），续增刻“藏帖”以及“藏真帖”，各4卷。后三帖，皆元和袁治摹勒。因为均为小册，故统称“巾箱帖”，皆永瑆所书。除“集锦帖”14种临古、自书各半之外，其余皆以临古为主。

《诒晋斋巾箱续帖》，4卷，嘉庆十三年（1808年），刻永瑆书17种，临古、自书各半，平江贝墉摹勒。

六、总裁于敏中

于敏中（1714 年—1780 年 1 月 14 日），字叔子，号耐圃，江苏金坛人。于氏是金坛望族，于敏中出身于诗礼簪缨世家。其曾祖父于嗣昌，是明代万历进士于孔兼之孙，顺治十八年（1661 年）进士，曾任山西襄垣知县；祖父于汉翔，康熙二十一年（1682 年）进士，曾督陕西学政，风流文章，名噪一时；父亲于树范，曾召入内廷，充武英殿纂修，参与编辑《康熙字典》《佩文韵府》等书，后调任浙江宣平知县。

于敏中像

于敏中幼年时过继给其叔于枋为嗣。于枋，雍正二年（1724 年）进士，曾任翰林院编修，广西、山东主考官。后来于枋得子，于敏中又归其亲生父母家。

他是乾隆年间著名书法家，书法风格近于董其昌，清秀洒脱，熟练掌握汉、满、蒙、梵多种语言文字。据说，他初入懋勤殿时，乾隆皇帝曾令其译抄佛经《华严经》《楞严经》两部书。他先画出一座宝塔形状，用小楷写经。凡是栏

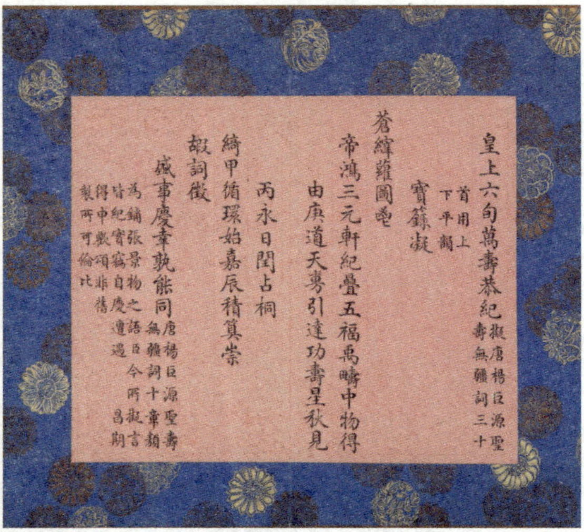
皇上六旬萬壽恭紀擬唐楊巨源聖壽無疆詞三十首用上下平韻
寶籙凝
蒼緯蘿圖[illegible]
帝鴻三元軒紀疊五福禹疇中物得
由庚道天[illegible]引逵功壽星秋見
丙永日閏占桐
綺甲循環始嘉辰積箕崇
敷詞徵
盛事慶幸孰能同唐楊巨源聖壽無疆詞十章頌為鋪張景物之語今所擬言皆紀實寫自慶遭遇昌期得中數頌非揚襲所可倫比

于敏中《清高宗六旬万寿诗》抄本卷首

柱、檐瓦、窗阶、铃索之处都有文字，宛转依线，读之成文。最难处，难在每有“佛”字，一定要算定写在柱顶或檐际之尊贵处。为了此轴《华严经宝塔》，于敏中排算了整整两年，抄写了近一年时间，成了中国书法史上一段佳话。

于敏中幼承家学，天资聪慧，记忆力过人。5 岁启蒙，学习《四书》。其母亲要求严格，课读甚严，经常立在窗下，屏息静听其读书。祖父于汉翔关心其学业，亲授《大学》章句，使之能依集注注解不谬。10 岁时，于敏中通读《五经》。

雍正七年（1729 年），于敏中 15 岁，应江宁乡试，中举人。但是，首次赴京会试落第。回金坛之后，于敏中重新择师，兢兢业业于学问，拜同邑雍正癸卯进士王步青（字已山）为师，重新研读《四书》《十三经》。年至及冠，于敏中博通经史，通晓诸子百家之说。

乾隆二年（1737 年），于敏中参加丁巳恩科会试，获一甲一名进士，成为状元，时年 23 岁。从此，于敏中与其族兄于振并称“兄弟状元”。此事成为金坛科举盛事。

乾隆十年（1745 年），乾隆皇帝巡幸江南苑，问于敏中：“何为治国要务策？”于敏中说：“治国要务，莫过于兴学得人。人才得，即政事理。”乾隆点头称善，因此命其督山东、浙江学政。于敏中为朝廷选拔人才，修建学宫，革除积弊，颇得士林赞誉。后来他奉旨回京，入直上书房，教习皇子皇孙，督课教学，严谨善教，深得乾隆皇帝宠信，累迁内阁学士。

乾隆十五年（1750年），复督山东学政。乾隆十九年（1754年），擢为兵部侍郎。乾隆二十一年（1756年），其父于树范去世，于敏中归籍服丧。守制不久，乾隆二十二年（1757年），于敏中受特诏，赴京署刑部左侍郎。孰料，乾隆二十三年（1758年），嗣父于枋亡故。此次治丧后不久，他的生母也去世了，于敏中只好戴丧办丧。为了早日返回朝廷，于敏中向朝廷隐瞒了丧母一事。御史朱嵇知道此事后，立即上疏，弹劾于敏中：将“两次亲丧，蒙混为一，恝然赴官”。于敏中申辩说：在六部任职之大臣，与戍守边疆之将士，没有两样，不应该为家事而影响国家大事。乾隆皇帝爱惜其才，因其职任不可替代，原谅了他的过失。乾隆皇帝降旨，斥责朱嵇“污人名节，不无过当”。当年年底，授于敏中户部侍郎。

乾隆二十五年（1760年）十月，任命于敏中为军机大臣。从此以后，他直接参决机务。于敏中小乾隆皇帝三岁，受到重用之时，正当乾隆皇帝盛年，因此他做事谨慎，行为检点，大事小事都奉旨而行，周密稳妥。

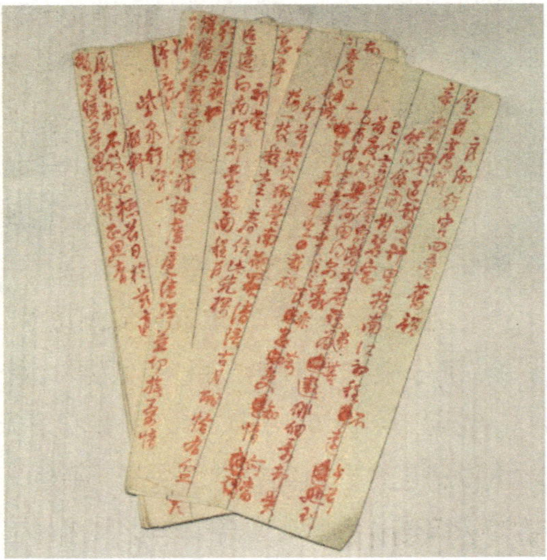
《乾隆御制诗》诗片

乾隆三十年（1765年），于敏中擢户部尚书。于敏中仅有一子，名于齐贤，乡试之时，未能考中。乾隆皇帝考虑到其子已经长大，因此特别加恩，赐予其子依照尚书品级做官；于敏中正室夫人病故，乾隆皇帝施恩，特封其妾张氏为淑人。

乾隆三十六年（1771 年），于敏中升为协办大学士兼户部尚书。

于敏中侍从在乾隆皇帝身边，一项重要的职责，就是随时录制乾隆皇帝即兴诗作。乾隆皇帝很有雅兴，通常每天作诗数首。作诗时，乾隆皇帝通常是用朱笔写出诗稿，然后令太监交到翰林文臣或者军机大臣手中，大臣用楷书誊录在折纸上，谓之“诗片”。乾隆皇帝的诗稿上，有引用典故之处，皇帝做记号，令大臣注解。

乾隆皇帝中青年时期，有不少诗是脱口而出的，没有草稿。一旁侍从大臣先用脑子记住，然后再到南书房或者军机处，凭着记忆誊录下来。日积月累，成一诗本，编为御制诗集。据档案记载，最擅长这项工作的大臣就是于敏中。于敏中记忆力惊人，堪称一绝。据说，他所记录的乾隆皇帝的御制诗从无一字之误。

乾隆三十八年（1773 年），乾隆十三年的状元梁国治入直军机处，兼值南书房，接替于敏中掌管乾隆皇帝的诗本。但是，他掌管诗本之事，只做了一年，难以胜任。有一天，乾隆皇帝召于敏中入见，言谈之中，即兴口诵一诗。于敏中会意，意味深长地看了梁国治一眼。梁国治侍从在侧，一副心不在焉的模样。回到南书房，于敏中在一旁等着梁国治把诗录下来，但是等了许久不见动静。于敏中问他：“怎么回事？”梁国治一脸茫然，什么也想不起来。于敏中叹道：“我以为，这事由你专管，老夫就没再认真记忆。现在，如何是好？”梁国治低下头，一脸惭愧。于敏中说：“待老夫替你想一想。”然后，他默坐斗室，大约一刻钟，他出来了，拿着刚刚录出的御制诗。经过乾隆皇帝审核，其中只有一字之差！梁国治大为叹服，连连拜谢。

乾隆三十七年（1772 年），安徽学政朱筠上《开馆校书折》疏，奏请搜辑《永乐大典》中之佚书，纂修《四库全书》。当时，内阁大学士刘统勋认为此非政务要事，反对修书。时任大学士的于敏中认为此奏极好，力排异议，据理力争，认为朱筠所奏“合我朝文治天下之大计，应予纳用”。乾隆皇帝认为“真合朕意”，此议被采纳。乾隆皇帝下诏，开四库全书馆，命于敏中为《四库全书》正总裁，主持其事。

于敏中十分重视《四库全书》之编纂工作，从分门别类到厘定体例，从制定取舍标准到确定编纂规则，都提出了许多建议，做了大量工作。当时，朝廷在全国范围内搜访、征集天下图书，于敏中不甘落后，亲自进献家藏珍本图书 17 种，参与领导《四库全书》之具体编纂工作，贡献很大。

乾隆三十八年，于敏中晋升为文华殿大学士兼户部尚书、首席军机大臣。

乾隆三十九年（1774年），宫内太监高云从泄露了乾隆皇帝朱批道府记载。事情败露，乾隆皇帝下令将其锁拿，交御前大臣审讯。据高云从招供，

于敏中 《菊花图》

于敏中曾向他问及乾隆皇帝对观亮的评论；另外，他曾因自己买地受骗恳求于敏中，转托蒋赐棨帮自己打官司。乾隆皇帝知道之后，非常生气。

于敏中诚惶诚恐，主动认罪，说：高云从确实曾面求转托，自己实在没有答应；但是自己没有立即据实参奏，实属错谬。乾隆皇帝特发谕旨，严厉谴责：于敏中每日承蒙朕召，诸事应付，朕什么话不能对他讲？为什么他还要转向宫内太监探听询问有关消息？乾隆皇帝大惑不解，下令将其交刑部严加议处。后来，刑部议将其革职。乾隆皇格外施恩，亲自下诏国，对他从宽处理，将他继续留任。

乾隆四十一年（1776年），于敏中平定金川之乱有功，乾隆帝下诏嘉奖，赏给于敏中双眼花翎，赐穿黄马褂，下令绘其图像于紫光阁。

乾隆四十四年（1779年），于敏中重病卧床，乾隆皇帝派遣御医前往诊治。病重期间，乾隆皇帝带大臣和珅驾临探视，赠送人参二支，赐其七律一首。十二月初八（1780年1月14日），于敏中因病逝世，享年66岁，乾隆皇帝下诏赐恤，入祀贤良祠，谥“文襄”，归葬金坛涑渎周庄村。不过，《清史稿》中怀疑于敏中是饮鸩自尽。

乾隆四十五年（1780年）六月，于敏中之孙于德裕来到官府，控告其堂叔于时和侵吞其祖父在京资产，于本年三月转移回金坛。乾隆皇帝十分重视，命大学士阿桂、英廉查办。由于于时和已经先行回原籍，传谕江苏巡抚吴坛立即亲赴金坛，查明于时和所占于敏中家产。查办结果令人震惊。素有廉直之名的于敏中，其京中以及原籍家产竟值白银200万两。乾隆皇帝十分恼怒，认为于敏中巨额遗产来历不明，“非得之以正者”。但是，乾隆皇帝仍然想保全他的名节，谕示办案大臣不必去追究于敏中生前之罪。此案经吴坛审明，于时和吞占家产属实，将于时和发往伊犁充当苦差，其带往原籍的于敏中遗产酌情给于德裕3万余两，其余全部充公，留给金坛地方做开河费用。

不久，苏松粮道章攀桂私下为于敏中营造花园之事被发觉。乾隆皇帝认为，于敏中受地方官员逢迎是情理中事，此时既然他已经去世，不必追究。于是，乾隆皇帝下令，将章攀桂革职。

乾隆四十六年（1781 年），浙江巡抚王亶望、陕甘总督勒尔谨以及甘肃通省官员在捐监折收之中捏灾冒赈之贪污大案败露。经过一年多的调查核实，共计处死正法者 56 人，免死发遣者 46 人；冒赈贪污银两，达 2811350 两。涉嫌此案之甘省贪官，无一漏网。但王禀望贪污案之真正元凶不是王禀望，是不久前去世的于敏中。

乾隆四十七年（1782 年）十月，杀掉了最后一批甘省贪官之后，乾隆皇帝颁旨，指斥于敏中。上谕开头称，当年甘肃奏请恢复捐监时，“大学士于敏中管理户部，即行议准。又以若准开捐，将来可省部拨之烦，巧言饰奏，朕误听其言，遂尔允行”。乾隆皇帝承认，自己在这件事情上有失误。接着，谕旨称，“其时，王亶望为甘肃布政使，持有于敏中为之庇护”，以至于放手大贪其污。最后，谕旨严厉指责于敏中：“宣年力久，且已身故……朕不忍追治其罪！”

乾隆五十一年（1786 年）二月初八，乾隆皇帝把玩古董时，一件明朝嘉靖年间的古瓷器触动了他的思绪：由嘉靖皇帝之昏庸想到权奸严嵩专权，由严嵩专权想起了于敏中。于是，乾隆降旨严厉指责于敏中，依着皇帝之恩眷，招权纳贿，造成了甘省之贪污大案。由此，乾隆皇帝推断：“于敏中拥有厚赀，亦必系王禀望等贿求赂谢！”为此，乾隆皇帝降旨将于敏中撤出贤良祠，以昭儆戒。

七、总纂官纪昀

（一）生平

纪昀（1724 年－ 1805 年），字晓岚，一字春帆，晚号石云，道号观弈道人，直隶献县（河北沧州市）人。清代著名政治家、文学家，乾隆年间著名大臣，历官左都御史，兵部、礼部尚书，协办大学士，加太子太保，管国子监事致仕。纪昀学宗汉儒，博览群书，工于诗赋、骈文，尤其长于考证训诂。其任官 50 余年，可圈可点；曾任《四库全书》总纂修官，撰写《四库全书总目提要》。 纪昀年轻时，才华横溢，血气方刚；晚年之时，内心世界日益封闭，其《阅微草堂笔记》正是晚年封闭心境的产物。他的诗文，经后人搜集、整理，编辑为《纪文达公遗集》。嘉庆十年（1805 年）二月，纪昀病逝。嘉庆皇帝御赐碑文，称其：“敏而好学可为文，授之以政无不达。”因此，其卒后谥号“文达”，乡里世称“文达公”。

据乾隆《献县志》记载：纪昀祖籍为应天府上元县，传其家者，为纪家边。明永乐二年（1404 年），奉命“迁大姓，实畿辅”，人称纪茶星，始迁来献县，入安民里四甲籍，卜居献县城东九十里之景城镇。传到纪昀，北迁已十四世。

据说，纪家是有声望的大家族，迁居献县以后，纪氏家底厚，很快成为献县的大富户。纪家较为开明，愿意做善事。有一年，遭遇大灾，流民铺天盖地，纪家发善心，开仓救民，舍粮煮粥。结果，招官方怨恨，竟然被诬陷入狱。更加荒唐的是，官府下令让纪家自己出钱盖牢房，还要凿一口大水井。这口大水井，凿于县城东门外，人称“纪家井”。

纪昀画像

这件事后，纪家明白，不读书，不做官，永远是被人欺负，仅仅善良是不够的。于是，纪家家规约定子弟必须锐意读书，求学仕进。从此后以，纪家成为闻名遐迩的书香门第。发展到明末，在农民起义和清兵入关的双重打击下，纪氏家道中落，家人四散奔逃：纪昀的两位伯曾祖避乱河间，城破被杀。但是，生活一安定，纪家又开始兴旺，子弟读书不辍。

据记载，纪昀上推七世，都是读书入仕之人。纪昀的祖父纪天申，监生出身，做过县丞。父亲纪容舒，康熙五十二年（1713年）恩科举人，在户部、刑部任职多年，外放云南姚安知府，很有贤声；其道德文章，名噪一时，极重视读书，留下遗训“贫莫断书香”。

雍正二年（1724年），农历六月十五日午时，纪昀出生，属龙，纪昀为纪容舒次子。

雍正五年（1727年），纪昀3岁，授课于孺爱先生。这一年，他第一次见到父亲纪容舒。

雍正八年（1730年），纪昀6岁，第一次参加童子试，以优异的成绩获得“神童”绰号。

据称，纪昀儿时，居景城东三里之崔尔庄。11岁时，随父亲入京，读书于生云精舍。乾隆五年（1740年），纪昀17岁，与邻县20岁的马氏成婚。

（二）仕途

乾隆八年（1743年），纪昀19岁。八月，参加科举考试，获得第一名。从此以后，纪昀开始骄傲自满起来。同年，其长子降生，取名纪汝佶。第二年，即乾隆九年（1744年），纪昀20岁，回乡参加乡试。结果，纪昀所作破题较差，只获得第四等。

乾隆十二年（1747年），纪昀23岁，再次参加顺天府乡试，以第一名解元夺魁。

乾隆十三年（1748年），纪昀24岁。春天，纪昀参加会试，由于太过自负，结果名落孙山，被挡在进士门槛之外。

乾隆十五年（1750年），纪昀26岁。四月十六日，纪昀母亲去世，纪昀回家居丧，守孝直到乾隆十七年八月。

乾隆十六年（1751年），纪昀在家守孝，没能参加这年会试。第二年，朝廷为祝贺皇太后六旬大寿，特开恩科。八月，举行会试，纪昀孝服刚除，没有参加考试。

乾隆十九年（1754年），纪昀30岁，正式参加正科会试，考中第二十二名。会试之后，纪昀参加殿试。殿试揭榜，纪昀考中二甲第四名。随后，纪昀入选翰林院庶吉士，授编修，开始了他的官宦生涯。

乾隆二十一年（1756年），纪昀奉旨，伴驾热河。

乾隆二十三年（1758年），纪昀任英武殿纂修官。

乾隆二十四年（1759年），纪昀任功臣馆总纂官。

乾隆二十五年（1760 年），纪昀任国史馆总纂官。

乾隆二十六年（1761 年），纪昀任方略馆总纂官。

乾隆二十七年（1762 年），正月十二日至五月初四日，纪昀奉旨伴驾南巡。五月，奉命视学福建，任提督学政。

乾隆三十年（1765 年），纪昀父亲纪容舒在献县崔尔庄病故，纪昀回家服丧三年。

乾隆三十三年（1768 年），纪昀 44 岁，授贵州都匀知府。

乾隆皇帝爱惜纪昀之才，认为纪昀学问优胜，前往外省做官不能尽其所长。因此，乾隆皇帝吩咐将纪昀留在身边。同年四月，任命纪昀为侍读学士。六月，据《清高宗实录》记载，两淮盐政卢见曾因营私贪污，被革职查办。纪昀与卢氏是好友，因为通风报信，被乾隆皇帝革职拿问。同年十月，纪昀被遣戍乌鲁木齐赎罪。

乾隆三十六年（1771 年）纪昀 47 岁。因乾隆皇帝着意修书，需要大量人才，由刘统勋荐举，将纪昀从新疆召回。六月初，纪昀到达京师，暂居珠巢街，受诏校秘书。

乾隆三十八年（1773 年），纪昀 49 岁，任《四库全书》总纂官。纪昀亲自撰写《四库全书总目提要》，主持纂修《热河志》等书，成就斐然。仕途顺遂，历任编修、左庶子、兵部侍郎、左都御史、礼部侍郎、尚书。

乾隆三十九年（1774 年），纪昀 50 岁。十月，纪昀次子纪汝传在担任九江府通判时，因为严重渎职、拖欠赋税触犯国法。此案，纪昀受到牵连。吏部决定，将纪昀降职调任。乾隆皇帝爱惜纪昀之才，特旨改判为降三级留任。

乾隆四十一年（1776 年），纪昀 52 岁。正月，乾隆皇帝任命纪昀为侍读学士，担任文渊阁直阁事。二月，调任侍讲学士。当年平定大小金川告捷，大金川首领索诺木投降，至此大、小金川全境荡平。纪昀奉旨撰写《平定两金川雅》《平定两金川颂》。九月，纪昀充文渊阁直阁事、日讲起居注官。

乾隆四十四年（1779年），纪昀55岁。三月，纪昀任詹事府詹事。四月，纪昀升职，为内阁学士，兼礼部侍郎。

乾隆四十五年（1780年），纪昀56岁。正月，元宵节刚过，乾隆皇帝第五次南巡，纪昀奉旨伴驾。随后，纪昀奉旨，和陆锡熊、孙士毅等人一起纂修《历代官职表》，至乾隆五十四年全书完成。

乾隆四十六年（1781年），纪昀任《契丹国志》总纂官。

乾隆四十七年（1782年），纪昀、陆锡熊奉旨纂修《河源纪略》，乾隆四十九年全书完成。同年，《四库全书》完成。

乾隆五十年（1785年），纪昀61岁。正月初六日，乾隆皇帝在乾清宫开设千叟宴，纪昀奉旨参加。

乾隆五十五年（1790年），纪昀66岁。这年八月十三日，乾隆皇帝八十大寿，前往热河避暑山庄，纪昀奉旨伴驾。

乾隆五十六年（1791年），纪昀67岁，任《八旗通志》总裁官。

乾隆六十年（1795年）， 纪昀夫人马氏去世。

嘉庆元年（1796年），纪昀74岁，任兵部尚书，迁左都御史。第二年，迁吏部尚书，任协办大学士、加太子少保。

嘉庆八年（1803年），六月十五日，纪昀八十寿辰。

嘉庆十年（1805年），二月十四日，酉时，纪昀病逝于京城，终年82岁。

纪昀故居遗址、墓地，

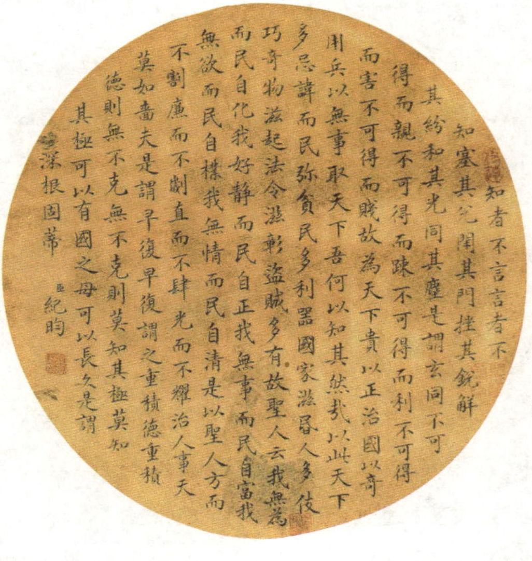

纪昀 书法

均位于沧县崔尔庄镇。其故居遗址，坐落在沧县崔尔庄村内，今尚存一眼古井。在镇南，大约四公里之北村，村南有墓地一座，神道碑和墓碑各一，据称此为纪昀之墓。神道碑碑文："皇清太子太保协办大学士礼部尚书纪文达公神道碑"。

（三）文化成就

纪昀博学通才，仕宦通达，其学术活动主要是在18世纪中后期。纪昀受到乾隆皇帝器重，一直是皇帝钦定和官方指定的学术领头人。当时，凡有编辑之役、修书之事，必有纪昀。纪昀一生，领导和参与了乾隆年间多部重要典籍之编修。因此，纪昀是中国文化史上一位有着重大贡献的学者。他主持纂修的书籍，就有《四库全书》；其个人著作，有《阅微草堂笔记》和《纪文达公遗集》传世。

纪昀担任总纂官，主持纂修《四库全书》，主持撰写《四库全书总目提要》200卷。因为《总目》卷帙浩繁，翻检不便，纪昀奉旨删节，

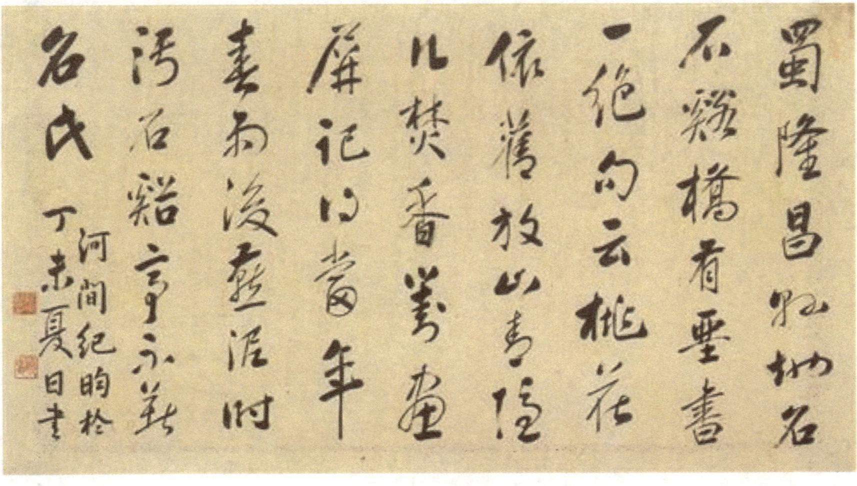

纪昀 书法

编成《四库全书简明目录》20 卷。据考证，《四库全书总目》录纪昀进献之书有 105 种，入存目者 41 种。其藏书，钤有“春帆校正”“心与古人会”“校书天禄”“河间纪昀”“瀛海纪氏阅微草堂藏书之印”等印章。

《阅微草堂笔记》24 卷，共计 38 万余字。全书分五大部分，包括:《滦阳消夏录》6 卷，《如是我闻》4 卷，《槐西杂志》4 卷，《姑妄听之》4 卷，《滦阳续录》6 卷。据称，自乾隆五十四年（1789 年）至嘉庆三年（1798 年），历时十年，纪昀陆续写成此书。嘉庆五年（1800 年），由其门人盛时彦合刊印行。全书主要记述狐鬼神怪故事，意在劝善惩恶。

《纪文达公遗集》是纪昀的一部诗文总集，包括诗、文各 16 卷，分上、下编。上编: 文 16 卷，第一、二卷为赋，第三卷为雅颂，第四、五卷为摺子，第六卷为表、露布、诏、疏，第七卷为论记，第八、九卷为序，第十卷为跋，第十一卷为书后，第十二卷为策问、书，第十三卷为铭，第十四卷为碑记、墓表、行状、逸事，第十五卷为传，

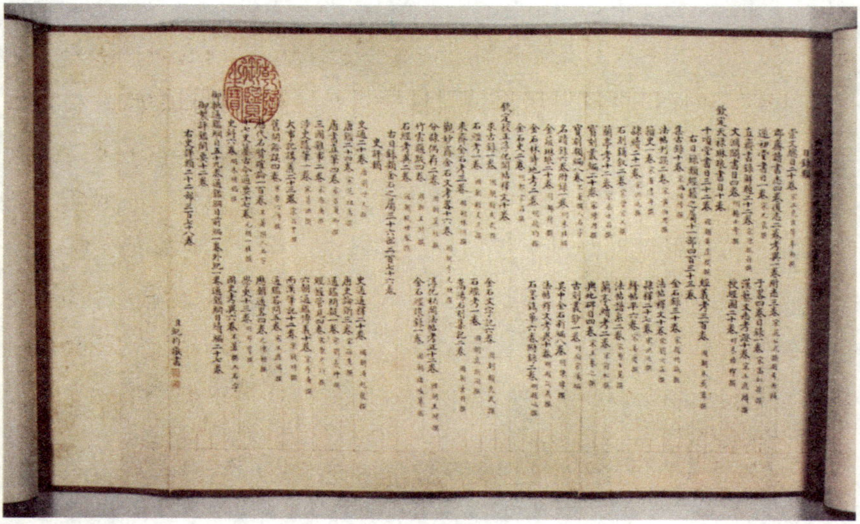

《钦定四库全书简明目录》书卷 纪昀写本

第十六卷为墓志铭、祭文，共计文300多篇。下编：诗16卷，计经进诗8卷，古今体诗6卷，馆课试1卷，我法集1卷，共计诗1000余首。这部遗集，为其孙纪树馨在纪昀死后四年编定。

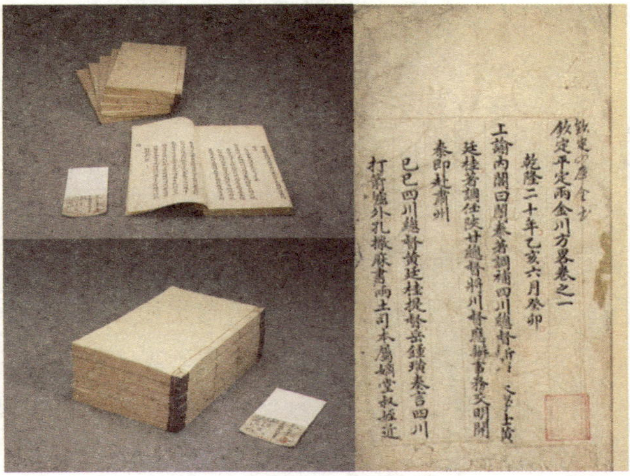

《平定两金川方略》 纪昀编

牛应之《雨窗消意录》称："纪文达公昀，喜诙谐，朝士多遭侮弄。"

钱泳《履园丛话》称："献县纪相国，善谐谑，人人共知。"

江藩《国朝汉学师承记》称："纪昀，胸怀坦率，性好滑稽。然骤闻其语，近乎诙谐，过而思之，乃名言也。"

洪亮吉《续怀人诗十二首·纪尚书昀》称："子云笔札君卿舌，当代无人可共论。"

纪昀学生汪德钺称："吾师居台宪之首，据宗伯、司马之尊，登其堂萧然如寒素，察其舆马、衣服、饮食，备数而已，其俭也若此。"

朱著《知足斋诗集·续集》："宗伯河间姹，口吃善著书。沉浸《四库》间，《提要》万卷余。抑扬百代上，浩博衡锱铢。食肉不食粟，清浊同一盂。非真佛不度，凭君意踟蹰。"

鲁迅称其："处世贵宽，论人欲恕。"

（四）恩赏与受罚

纪昀修书13年，倍受恩宠，有赏心乐事，也多次被记过处分。

乾隆三十八年二月二十一日，乾隆令开四库全书馆，大学士刘统勋举荐纪昀任总纂官。随后，业师裘曰修卒，谥“文达”；座师刘纶卒，谥“文定”；座师刘统勋卒，谥“文正”。

乾隆三十九年正月初八日，乾隆皇帝在重华宫设三清茶宴，纪昀奉召入宫。三月初三日，纪昀踌躇满志，率《四库全书》众同馆同仁前往南郊踏青。这些同仁，包括总纂官陆锡熊，纂修翁方纲、朱筠、林澍藩、姚鼐、程晋芳、任大椿、周永年、钱载等，共计39人。他们出右安门十里，至草桥溪畔，相聚于曹学闵斋中，仿兰亭修禊之故事，曲水流觞。

乾隆四十二年三月二十四日，因四库馆臣校书讹误，交部议处。乾隆皇帝格外施恩，纪昀等三人以特旨免。十月二十九日，乾隆皇帝特旨，赏赐四库馆臣哈密瓜，纪昀等154人联句谢恩。

乾隆四十五年正月，乾隆皇帝南巡，纪昀随驾，奉旨撰写《五巡江浙恩纶颂》。八月十三日，乾隆皇帝七旬万寿庆典，纪昀奉旨撰写《七旬万寿赋》。九月，纪昀奉命与陆锡熊、陆费墀、孙士毅等人领衔纂修《历代职官表》。这年冬，因校勘《四库全书》发现许多讹误，纪昀被记过三次。

八、提调官陆费墀

陆费墀，复姓陆费，字丹叔，号颐斋，浙江桐乡人。乾隆三十一年（1766 年）进士，授编修。乾隆三十八年开《四库全书》馆，奉旨充《四库全书》总校官，仿纪昀、陆锡熊之例，擢迁侍读，进礼部侍郎。内廷四阁《四库全书》四部相继完成之后，乾隆四十七年（1782 年）七月，乾隆皇帝下旨再抄三份，分别收藏于江南文汇、文宗、文澜三阁。乾隆五十二年（1787 年）六月，乾隆检查江南三阁的《四库全书》，发现讹谬甚多，还有一些违禁书籍。乾隆大怒，认为纪昀、陆锡熊和陆费墀专司其事，应该负全部责任。

据记载，乾隆皇帝下达了一道严厉的处罚令，处罚的对象是《四库全书》馆副总裁、总校官陆费墀，处罚的理由是编抄诸书“舛谬丛生，应删不删，且空白未填者，竟至连篇累页”（《纂修四库全书档案·乾隆五十二年六月十三日谕旨》）。本来作为《四库全书》的总负责人，总裁于敏中本当治以重罪。然而，此时于敏中“因业已身故，不加追究”。于是副总裁、总校官陆费墀顶替上去，罪责难逃。乾隆下令，陆费墀罚赔文澜等三阁《四库全书》的页面、木匣、装订、刻字等原料以及制作费用十余万两银子。

江南三阁的费用，本来是由江南商人承担的，乾隆皇帝下令全部都由陆费墀出资。陆氏尽心校书，呕心沥血，没想到乾隆皇帝如此重罚。陆氏承受不住，终于病倒。不久，乾隆皇帝下旨将陆氏革职。这件处罚案，让陆费墀心情极为沉重。两年后，于乾隆五十五年（1790年）忧郁而死。陆氏死后，乾隆皇帝仍不解恨，吩咐籍没其家，抄家折银，除给其子女留下千金之外，全部家产充作江南三阁办书之用。

其实，乾隆皇帝重罚陆费墀，究其根本原因不是在书，而是在人，在于陆费墀和于敏中关系太好。于敏中极力荐举陆费墀参与《四库全书》之纂修，任命其为提调官；乾隆皇帝纂修《四库全书》，于敏中首倡，陆费墀附和。后来乾隆皇帝发现于敏中结党营私，贪污受贿，于是便认为陆费墀联手于敏中从《四库全书》中牟利。

乾隆五十五年，陆费墀含恨去世后，乾隆皇帝依然耿耿于怀。据《纂修四库全书档案》记载，乾隆皇帝下旨，指责陆费墀："陆费墀，本系寒士，家无担石。向在于敏中处藉馆为业，谅不过千金产业耳！今所办三阁书匣等项，及缴出罚银一万两，计其家资，已不下三四万！若非从前在四库馆提调任内苞苴馈送，何以有此多资！"

乾隆皇帝写《题文津阁》诗，指名道姓，斥责陆费墀，记述此事：

究因考核未尽力，薄用创惩示懈公。

独有费墀牟利重，职镌其计叹非工。

纪昀、陆费墀，二人都是学者，一生兢兢业业，将全部精力用于编修《四库全书》。然而，纪昀因《四库全书》名垂千古；陆费墀因《四库全书》遭受重罚，家破人亡。人生际遇迥异，真是令人扼腕叹息。

宫廷小知识

明朝官员补子

补子，明清各品官服上补出的两块特殊织绣品，其纹样、图案一致，俗称胸背。因为补子是用彩线绣制而成，所以又称为绣补。它直接绣于官员补服之上，或者制成圆形、方形等特殊绣品再补于补服之上，其所绣纹样与补服面料完全不同，有吉祥飞禽，有凶猛走兽。飞禽走兽周围绣绘红日、彩云、花卉、海水，以此区分各种官员等级。

中国官员衣服绣补，古已有之，汉唐时期盛行。明洪武年间，明太祖朱元璋就将文官九品、武官九品的官员补子制度确定下来。

文官：

一品，仙鹤；二品，锦鸡；三品，孔雀；四品，云雁；

五品，白鹇；六品，鹭鸶；七品，鸂鶒；八品，黄鹂；九品，鹌鹑。

武官：

一品，狮子；二品，狮子；三品，虎；四品，豹；

五品，熊罴；六品，彪；七品，彪；八品，犀牛；九品，海马。

清朝官员补子

清朝官员补子，与明代有所不同。

文官：

一品，仙鹤；二品，锦鸡；三品，孔雀；四品，云雁；

五品，白鹇；六品，鹭鸶；七品，鸂鶒；八品，鹌鹑；九品，练雀。

武官：

一品，麒麟；二品，狮子；三品，豹；四品，虎；

五品，熊罴；六品，彪；七品，犀牛；八品，犀牛；九品，海马。

清朝官员品级俸禄

亲王年俸10000两，米5000石；郡王5000两，米2500石；贝勒2500两，米1250石；贝子1300两，米650石。

养廉银：

总督20000两；巡抚15000两；布政使9000两；道员8000两；盛京将军（一品）2000两，提督（从一品）2000两；各地将军1500两。

以下为中央（地方）官员品级：

超品：公、侯、伯。

正一品（光禄大夫）：子，太师、太傅、太保、殿阁大学士、领侍卫内大臣、銮仪卫大臣。年俸180两，米90石。

从一品（荣禄大夫）：少师、少傅、少保；太子三师；内阁协办大学士；各部院尚书，左都御史；九门提督，内大臣，八旗都统。（将军，都统，提督）

正二品（资政大夫）：太子三少，各部院侍郎，内务府总管；副都统，前锋营等统领。（总督；副都统，部兵）年俸155两，米70石。

从二品（通奉大夫）：内阁学士，翰林院掌院学士；散秩大臣。（巡抚，布政使；副将）

正三品（通议大夫）：左副都御史，宗人府丞；一等侍卫，八旗参领等。（顺天府尹，奉天府尹，按察使；城守尉，参将，指挥使）年俸130两，米65石。

从三品（中议大夫）：光禄寺卿，太仆寺卿；护军参领，王府一等侍卫等。（盐运使；游击，五旗参领，指挥同知）

正四品（中宪大夫）：通政使司副使，六科掌院给事中，二等侍卫，副参领、佐领，侍卫领班。（顺天府丞，奉天府丞，各省守巡道员；防守尉，佐领，都司，宣慰使同知）年俸105两，米50石。

从四品（朝议大夫）：内阁侍读学士，翰林院侍讲学士，国子监祭酒；

城门领，二等护卫。（知府，土知府，盐运司运同；宣抚使，宣慰副使）

正五品（奉政大夫）：春坊庶子，光禄少卿，给事中，各部郎中，太医院院使；三等侍卫。（同知，土同知，直隶知州；关品守御、防御，守备，千户）年俸 80 两，米 40 石。

从五品（奉直大夫）：翰林院侍读、侍讲，各部员外郎；四等侍卫，委署前锋参领。（各州知州，土知州，盐运副使；守御所千总，河营协办守备，安抚使，招计使，副千户）

正六品（承德郎）：内阁侍读，侍讲，春坊中允，国子监司业；蓝翎侍卫，前锋校等。（京府通判，京城知县、通判；门千总，营千总，长官使，百户）年俸 60 两，米 30 石。

从六品（儒林郎）：春坊赞善，翰林院修撰；内务府六品蓝翎长，六品典仪。（布政司经历，直隶州同，州司；卫千总）

正七品（之林郎）：翰林院编修，太常寺博士，国子监监丞，内阁典籍，知事；城门史，马厂协领。（京县丞，顺天府满洲教授、训导，知县，教授；把总）年俸 45 两，米 20 石。

从七品（征仕郎）：翰林院检讨，内阁中书，国子监 博士；七品典仪。（京府经历，布政司都事，州判；盛京游牧副尉）

正八品（修职郎）：司务，五经博士，国子监学正，钦天监主簿，太医院御医。（布政司库大使，府经历，县丞，学正，教谕；外委千总）年俸 40 两，米 20 石。

从八品（修职佐郎）：翰林院、国子监典簿，僧录司左右觉义，道录司左右至义；八品典仪，委署亲军校。（布政司照磨，训导）

正九品（登仕郎）：礼部四译馆大使，钦天监侯；各营蓝翎长。（州吏目，道库大使，巡检；外委把总）年俸 25 两，米 10 石。

从九品（登仕佐郎）：翰林院待诏，国子监典簿，博士，太医院吏目，太常寺司乐，工部司匠；太仆寺马厂委署协领。

未入流：翰林院孔目，都察院库使，礼部铸印大使，崇文门副使。

公主格格

“格格”，本为满语之译音，翻译成汉语，就是小姐、姐姐之意。通常地说，清朝贵胄之家的女儿称为“格格”。满洲入关以前，为“后金”。当初，大汗、贝勒的女儿统称为“格格”，无定制。如，清太祖努尔哈赤之长女，称为“东果格格”；次女，称为“嫩哲格格”。

清太宗皇太极继位，崇德元年（1636年），始仿明制，规定：皇帝的女儿称为“公主”：皇后之女，称为“固伦公主”；妃子所生之女以及皇后之养女，称为“和硕公主”。如，皇太极之次女马喀塔，由孝端文皇后所生，最初，封为固伦长公主，后来，改封为“永宁长公主”，最后，改为“温庄长公主”。具体地说：

一、亲王之女，称为“和硕格格”，汉名为“郡主”。

二、世子及郡王之女，称为“多罗格格”，汉名为“县主”。

三、多罗贝勒之女，亦称为“多罗格格”，汉名为“郡君”。

四、贝子之女，称为“固山格格”，汉名“县君”。

五、镇国公、辅国公之女，称“格格”，汉名“乡君”。

六、“公”以下之女，俱称“宗女”。

“格格”之称谓，一直沿用，至清末之时，渐渐终止。

清乾隆皇帝弘历，共生有10个女儿，其中5人早殁，没有加封；5人长大，加封为公主：第三女，孝贤纯皇后生，封固伦和敬公主；第四女，纯惠皇贵妃苏氏生，封和硕嘉公主；第七女，孝仪纯皇后生，封固伦和静公主；第九女，孝仪纯皇后生，封和硕和恪公主；第十女，妃汪氏生，封固伦和孝公主。第十女是个例外，她的母亲只是一个普通妃子，但因为她出生时乾隆皇帝已经65岁了，老来得女，乾隆皇帝格外疼爱，特旨封为固伦公主，指婚下嫁给和珅长子丰绅殷德。

八旗制度

八旗制度是清朝满族的社会组织形式。旗，满语（gu sa），汉音固山。

八旗军事组织制度是由满族首领努尔哈赤所创制的。最初，努尔哈赤将自己军队编为四旗，每旗以不同颜色之旗帜作为识别。明朝万历二十九年（1601年），建立黄、白、红、蓝四旗，称为正黄、正白、正红、正蓝，旗皆纯色。万历四十三年（1615年），努尔哈赤在原有牛录制基础上，创建了八旗制度：原有四旗之外，增编镶黄、镶白、镶红、镶蓝四旗。

八旗各旗旗帜，除四整色旗外，黄、白、蓝均镶以红，红镶以白。其制规定：每300人为1牛录，设牛录额真1人；5牛录为1甲喇，设甲喇额真1人；5甲喇为1固山，设固山额真1人。据史籍记载，当时编有满洲牛录308个，蒙古牛录76个，汉军牛录16个，共400个。此时所编八旗，为满洲八旗。清太宗时，建立蒙古八旗和汉军八旗，旗制与满洲八旗同。八旗由皇帝、诸王、贝勒控制，旗制终清未改。

城内八旗分布

清朝统一，太宗皇太极建立汉军八旗和蒙古八旗。各旗有护军营、前锋营、骁骑营、健锐营和步军营等常规营伍，司禁卫、云梯和布阵等职。另外，设立了相扑营、虎枪营、火器营和神机营等特殊营伍，演习摔跤、射箭、刺虎和操练枪炮等。

八旗兵，分为京营和驻防两类。京营，是守卫京师八旗军之总称，由朗卫和兵卫组成。侍卫皇室之人，称为朗卫，必须是出身镶黄、正黄和正白上三旗之旗人，如紫禁城内午门、东西华门、神武门等由上三旗守卫。京师其他地方之守卫，称为京卫。八旗每一旗下，包括满洲、蒙古、汉军三个部分。

八旗，分上三旗与下五旗。顺治七年（1650 年）底，多尔衮死后，清世祖福临加强对八旗的控制，由皇帝亲领镶黄、正黄、正白三旗，称为上三旗；由诸王、贝勒统辖正红、镶红、正蓝、镶蓝、镶白五旗，称为下五旗。此制，终清未改。上三旗较下五旗为崇，是皇帝的亲兵，担任禁卫皇宫等任务，下五旗驻守京师及各地。镶黄、正白、镶白、正蓝四旗居左，称为左翼；正黄、正红、镶红、镶蓝四旗居右，称为右翼。

八旗制度，以旗统人，以旗统兵，凡隶于八旗者，皆可以为兵。入关前，满洲八旗共 309 个佐领。八旗满、蒙、汉佐领，共 583 个。康熙时，满洲佐领达到 669 个，嘉庆时增加到 681 个。八旗官兵的额数，清末光绪、宣统时，实存职官约 6680 人，兵丁 12 万人。

清朝定都北京，绝大部分八旗兵丁屯驻北京附近。戍卫京师之八旗，按其方位驻守，称为驻京八旗，俗称京旗。另外，抽出一部分旗兵，派驻全国各重要城市和军事要地，称驻防八旗。驻京八旗，负责皇宫和京师之安全，实即禁军。清禁卫军制有二，即郎卫和兵卫。郎卫，指御前近卫，专门负责皇帝及后妃等之警卫，设置侍卫处、銮仪卫、善扑营等不同的机构。兵卫，指京师及宫禁之警卫，分设前锋、护军、步兵等不同的营制。

八旗在全国各地驻防，一般不设都统。在重要地区，如盛京、吉林、黑龙江、江宁、杭州、福州、广州、荆州、西安、成都、绥远等处设将军，下设副都统。将军，为该地区最高军事长官，但不理民政。后来，热河、察哈尔由副都统升为都统后，为该地区行政长官。八旗旗务，无论满洲、蒙古或汉军，均由固山额真管理。顺治十七年（1660 年），固山额真一律改称都统。各旗均设都统一人，副都统二人。雍正元年（1723 年），设八旗都统衙门，由上述各旗都统 24 人及副都统 48 人组成，掌满洲、蒙古、汉军八旗之政令。

正黄旗，上三旗之一。92 个佐领，约 3 万兵力，是满洲八旗中人口最多者，总人口约 15 万人。名人：纳兰明珠、纳兰性德（康熙帝宠臣）、索尼（重臣）、吴京（重臣）。

镶黄旗，上三旗之一。84 个佐领，约 2.6 万兵力。总人口约 13 万人。名人：孝和睿（嘉庆帝的皇后）、慈安等。

正白旗，上三旗之一。86 个佐领，约 2.6 万兵力。总人口约 13 万人。名人：郭布罗·婉容、荣禄。

镶白旗，下五旗之一。84个佐领，约2.6万兵力。总人口约13万人。名人：曹雪芹、阿桂、善耆（肃亲王）。

正红旗，下五旗之一。74个佐领，兵2.3万。总人口约11.5万千人。名人：和珅、老舍。

镶红旗，下五旗之一。86个佐领，兵2.6万。总人口：约13万人。名人：珍妃。

正蓝旗，下五旗之一。83个佐领，兵2.6万。总人口：约13万人。名人：崇绮，1864年状元，户部尚书，同治帝之皇后阿鲁忒氏之父。

镶蓝旗，下五旗之一。87个佐领，兵2.7万。总人口约13.5万。名人：慈禧（咸丰帝皇贵妃）、肃顺。

清代满洲八旗兵力大约21万，满洲八旗人口大约105万。

清代八旗军，包括八旗满洲、蒙古、汉军，在行军、驻营时，所居位置是固定的，依“五行相克”说制定。《八旗通志》记载：“两黄旗位正北，取土胜水。两白旗位正东，取金胜木。两红旗位正西，取火胜金。两蓝旗位正南，取水胜火，水色本黑，而旗以指麾六师，或夜行黑色难辩，故以蓝代之。”

清 北京八旗分布

根据阴阳五行学说：东方属木，颜色为青，木能克土；南方属火，颜色为赤，火能生土克金；西方属金，颜色为白，金能生水克木；北方属水，颜色为黑，水能生木克火；中央属土，颜色为黄，土能生金克水。

八旗所处方位，与五行相克方位一致：

正黄旗，驻德胜门；镶黄旗，驻安定门；两黄旗属土，土能克水，驻于北方；

正白旗，驻东直门；镶白旗，驻朝阳门；两白旗属金，金能克木，驻于东方；

正红旗，驻西直门；镶红旗，驻阜成门；两红旗属火，火能克金，驻于西方；

正蓝旗，驻崇文门；镶蓝旗，驻宣武门；两蓝旗属水，水能克火，驻于南方。

中国皇帝的相貌

相貌是一个人的显著特征。认识一个人，总是要先目睹其相貌。中国古代的皇帝称自己为特殊的人，自诩为具有神格的人。他们也一直被赋予了神秘的色彩，被认为是神的后裔，有着特殊身份和地位。古人们也大多相信帝王们不是凡胎，他们都是龙种，是先天决定的。而史官笔下的历代帝王们，他们的出生和相貌，也都是不同凡响，有别于常人，令人惊叹、羡慕和敬畏。

中国远古的神话是关于英雄的神话。那些长寿的英雄们，实质上就是远古时代的帝王。据说，天皇有 13 个头，地皇有 11 个头，人皇有 9 个头；伏羲氏相比之下则有些人的模样——长头，修目，眉有白毫，长须飘飘下垂委地，翻起的龙唇下是一口很别致的龟齿。不过，伏羲和女娲都是人首蛇身，而尝遍百草、教民耕种的神农氏却连人首都不是，而是长着一颗牛的脑袋。

从神话时代进入传说时代以后，帝王们的模样就越发与世俗的人接近了；尽管如此，但他们仍然不是凡胎。世称轩辕氏的黄帝，史书记载他是龙颜，就是长着一张像龙一样的脸。他活了 111 岁，生有 25 个儿子。穿越数千年的历史直到今天，人们仍然很怀念和敬仰这位长寿多子的黄帝，他聪慧、多福、健康长寿，他勤劳、勇敢、富于创造力。于是，他成了整个中华民族引以为傲的祖先。

帝尧身长十尺，眉毛有八种色彩，胡须长约七尺有余。帝舜身长仅六尺，中等身材，但他的嘴巴很大，而且是重瞳——眼瞳是双重的。夏禹是长鼻子，大嘴巴，两耳参漏——两个耳郭有漏眼；而且腿还有点瘸，不能快步行走，越快越拐得厉害。商汤身长九尺，下颌很丰满，臂有四肘——手臂上有四个关节。周文王身长八尺三寸，龙颜虎肩，胸有四乳，就是说他长着一张像龙一样的脸，身材修长，肩膀如虎一样的健美，胸部还有四个乳头。周武王是骈齿、望羊——就是有双重牙齿，高瞻远瞩，视野开阔。

秦始皇是蜂准、长目、豺声、鸷鸟膺，即高大的鼻子，眼睛很长，声音就像豺发出的一样（是一种少有的细而尖厉、悲而仓凉的嚎声），胸部突起如同鸷鸟。汉高祖刘邦，龙颜，隆准，美须髯，左股七十二黑子。就是说他有一张像龙一样的脸，鼻梁高高的，胡须长而飘飘，很英俊的样子 ，左大腿上还有七十二颗黑痣。东汉光武帝刘秀，日角、隆准、大口、美须眉、身长七尺三。就是说他的额头很饱满如同太阳，他的鼻子很高，嘴巴很大，胡须很长，身高七尺三寸。

三国蜀主刘备，身长七尺五寸，垂手下膝，顾自见其耳。就是说他的上肢很长，双手一下垂，就能越过膝盖；他的耳垂也很长，自己的眼睛能够看见自己的耳朵。东晋晋元帝司马睿，白毫生日角之左、眼有精曜，即左额头上长出了一片不耀眼的白毛，一双眼睛炯炯有神。南朝齐高帝萧道成，姿表英异，龙颡钟声，鳞文遍体。就是说他的额头长得像龙的一样英武，声音如同洪钟一样响亮，浑身上下都是鱼鳞般的皮肤。

南朝梁武帝萧衍，生而奇异，日角龙颜，重岳虎顾，舌文八字，项有浮光，身映日无影，两胯骈骨，顶上隆起，有文在右手曰“武”。这可真是不同于常人，是奇人中的更奇异之人啊：额骨从中央隆起，其形状就像一个太阳；长着一张像龙一样的脸，脑袋很大，转动脑袋回头看时的样子活像一只老虎，舌头上还有八字纹；脖子后面鼓出一个包来，周围浮着一层白光，而且两边的肋骨，还奇异地连在一起；更令人惊异的是，他的右手手掌上，天生有一个“武”字纹；更加奇特的是，他人站在太阳底下，竟然没有影子！

隋文帝杨坚，龙颜，目光外射，额上五柱入顶，有文在手曰“王”，长上短下。这是说：他有一张龙一样的脸，炯炯有神的眼光向外射，额头上有五条纹路直入头顶，手掌上有“王”字纹，上身较长而下身略短。唐高祖李渊，体有三乳、左腋下有紫痣如龙。这是说他的胸部较为宽阔，比一般人多出一个乳头，左边的腋下有一片紫色的小痣形成一个龙形的图案。唐太宗李世民是龙凤之姿，天日之表。这是最完美的经典帝王形象，其姿容如龙如凤，脸部饱满如同太阳。宋太祖赵匡胤，容貌雄伟，气度豁如。辽太祖耶律阿保机，丰上锐下、目光射人——额头宽阔，下颌俊俏，双目炯炯有神向外发光。金太祖完颜阿骨打，身长八尺，状貌雄伟，臂长过膝。

明太祖朱元璋，姿貌雄杰、奇骨贯顶，即他身姿雄伟，相貌堂堂，头顶上还长出了一个奇异的骨骼。这是史书《明史》上写的，是史官的溢美之词。其实，朱元璋长得奇丑，要不是有留传至今的画像作证，我们真的会被帝王和史官们合伙作弊而蒙骗过去：朱元璋有 12 幅画像传世，其中有 10 幅画像丑陋无比——这很可能就是他的真容貌：山根（鼻梁）下陷，下巴向外突出，脸上满是密密麻麻的黑点；另两幅则判若两人，画面上的朱元璋红光满面，眉目清秀，五官端正，真是英气勃发，相貌堂堂，这等英武的相貌，后来就成了朱元璋的标准像。孰真孰假，不难分辨吧？清太祖努尔哈赤也被记载为仪表雄伟，发声若钟。

从这些记载上看，帝王们真的不是凡胎，他们是介于神、仙、人之间的物种，是半人半神半仙之间的一种神物，至于他们真的是不是那幅模样，恐怕也只有天才知道。

乾隆皇帝是一个什么样的光鲜人物？他的相貌是一番怎样的光景？真的像影视作品中所展示的那样，英姿勃发、光彩照人？幸运的是，宫廷画师们为我们留下了乾隆皇帝的真实画像；而且这些画像中的大多数，都是生性严谨认真、一丝不苟的西洋画师们的杰作。因此，我们今天能够一睹风流天子乾隆皇帝的尊容。

乾隆皇帝弘历，康熙五十年（1711 年）八月十三日子夜，降生于雍王府邸（后称雍和宫）。他是雍正皇帝的第五个儿子，因第二子弘昐一岁多时夭折，未能叙齿排行，他便序为第四个儿子。史书记载他的相貌是：眉疏目朗，高鼻梁，身体修长，天性聪慧。乾隆皇帝醉心于书画，在他的身边有一批造诣很深的宫廷画家，包括中国画师丁观鹏、董邦达、张宗苍、徐扬、金廷标和西洋画家郎世宁、艾启蒙、王致诚等等。他们供职于清廷，创作了大量书画作品，留下了极其珍贵的具有历史、文化、艺术价值的墨迹，其中有相当一部分作品是反映乾隆皇帝生活起居的御容像。在清代宫廷珍藏的书画作品中，乾隆皇帝的御容像大约有 80 幅，基本上真实地展示了乾隆皇帝弘历从青少年到青壮年到老年的风貌。

《平安春信图》纸本画轴，是意大利画家郎世宁在雍正年间留下的作品。画中的人物正是雍正皇帝和他的亲爱的儿子少年弘历——画面的背景是天空所独有的令人亲切的深蓝色，一座平缓的小山丘上，几竿修竹苍翠挺拔。怪石、老梅前的翠竹之下，站立着正在赏梅的雍正皇帝父子，他们面目清瘦，身穿大袖拖地长袍；少年弘历比起父皇来略矮一头，但他睿智的目光炯炯有神。画面右上角是一首乾隆四十七年（1782年）的自题诗："写真世宁擅，绘我少年时。入室皤然者，不知此是谁？——壬寅暮春御笔"。

《采芝图》是雍正十二年（1734年）宫廷画师的作品，这一年弘历23岁。画面上的弘历身材修长，眉清目秀，他身穿宽袖长袍，手握灵芝，身前是一只温驯的梅花鹿和一个荷锄的童子——有趣的是，这位童子酷似少年时的弘历，也就是说画面上的两个人都是弘历，一个是他青年时期的模样，一个是他英俊少年的英姿。画面的右上角有一首自称"长春居士"的乾隆皇帝弘历的自题诗："何来潇洒清都客？逍遥为爱云烟碧。筠蓝满贮仙丛芝，芒鞋不踏尘寰迹。人世蓬莱镜里天，霞巾仿佛南华仙。谁识当年真面目？图入生绡属偶然。——长春居士自题"。什么是清都客？清都是讲求长寿仙术的道家所说的长寿圣君紫微上帝所居住的地方，也就是道家所尊奉的天庭。天庭上管理山水的官员称为清都山水郎。宋代的大诗人和大词家朱敦儒曾写过一首《鹧鸪天·西都作》："我是清都山水郎，天教懒慢带疏狂。曾批给露支风敕，累奏留云借月章。诗万首，酒千觞，几曾着眼看侯王？玉楼金阙慵归去，且插梅花醉洛阳。"乾隆皇帝极其喜欢。

清宫中的其他几幅乾隆皇帝的画像，包括：《朝服像》，25岁；《岁朝图》，27岁；《哨鹿图》，30岁；《松荫消夏图》，33岁；《狩猎聚餐图》，38岁；《万树园赐宴图》，43岁；《丛薄行诗意图》《大阅图》，47岁；《平定域图册》，50岁；《万法归一图》，60岁；《平定金川战图》，65岁；《一箭双鹿图》，70岁；《平定台湾战图》，77岁；《朝服像》，80岁；《平定廓尔喀战图》，82岁；《朝服像》，85岁。

乾隆皇帝的这些画像，都生动地展示了18世纪中后期中国乃至世界上最有名的一位皇帝的真实风采。画面上的乾隆皇帝弘历，都是一副儒雅的模样：身材修长，眉疏目朗，面如满月，目光炯炯有神——神采、目光中充满了书卷气，总是一副非常自信、自负、气定神闲的样子。即使是老年的乾隆皇帝，仍旧是神采奕奕，风流倜傥。宠臣和绅有一次问乾隆：皇上为何总是这样英气勃发，不知道有什么养生良方？乾隆皇帝淡淡地说：事烦心不乱，食少病无侵。此二语为予一生养心、养身之良方！

英国使臣温德说：乾隆皇帝总是笑眯眯的，看上去不超过60岁，他的脸上没有一点老年的痕迹。英国使臣赫脱南说：乾隆皇帝看上去只有50多岁，他的动作很敏捷，风度翩翩。英使马戛尔尼谒见乾隆皇帝之后，这样描述他所见到的这位充满传奇色彩的东方老人：乾隆皇帝已经83岁了，但仍旧精神矍铄，看上去像60岁的样子，而且他的心思仍很灵活，遇事很果断和自信。乾隆皇帝声如洪钟，颇为自得地对马戛尔尼说：我今年83岁了，希望你们的国王同我一样长寿！特使马戛尔尼在记述当时的情景时，仍旧掩饰不住他的激动：其言时，气概尊严，若有神圣不可侵犯之状；然眉宇间，仍流露其和蔼可亲之本色。他的日记中这样写道：乾隆皇帝身材高约五英尺十英寸，虽背已微偻，而精神甚好，目作黑色，鼻尖勾曲，略如鹰喙。其举动神情，颇具英明之气。其所衣为黄色大袍，冠则是天鹅绒所制，上有红顶子及孔雀毛以为饰。其靴亦绸制，以金线绣花于其上，腰间束一蓝色之带，亦丝织物。

《好了歌》

世人都晓神仙好，唯有功名忘不了！
古今将相在何方？荒冢一堆草没了。
世人都晓神仙好，只有金银忘不了！
终朝只恨聚无多，及到多时眼闭了。
世人都晓神仙好，只有娇妻忘不了！
君生日日说恩情，君死又随人去了。
世人都晓神仙好，只有儿孙忘不了！
痴心父母古来多，孝顺儿孙谁见了？

皇帝求仙长寿之路

秦始皇毕生都在访求仙人，寻找长生不老之药，他为此不惜耗费大量的人力、物力、财力，直到他在病死沙丘的路上，仍没有放弃这一努力——他只允许说寿字，忌讳说死字；他病死沙丘平台的时候，他的一双阴冷的眼睛仍直勾勾地看着访求仙人使者回京的御道。他去世时仅有50岁。

汉武帝16岁即皇帝位，为了长寿，求仙长达50余年，大造蓬莱、瀛洲等仙岛，在宫室之中建造望仙台，希望仙人驾临；他不惜一切地广招方士，寻找长生之路，甚至将自己心爱的女儿嫁给方士为妻。到他70岁临终时，突然醒悟：天下哪有什么仙人？只有节食、服药，才可以少病长寿！

五代梁太祖朱温，为了长寿，服方山道人庞九经进献的金丹，结果眉毛、头发立时脱落，头部、背部生疽，不久身亡。

明世宗为了长寿，也是大量服食仙丹，中毒而死。临终前，他留下遗诏自悔：我当皇帝45年，因为小的时候有病，希望长寿，就迷信了道术，被这些江湖术士们所蒙骗。

长生术

长生术就是长生不老之术。长生不老最早见于道家经籍《太上纯阳真经》：天一生水，人同自然，肾为北极之枢，精食万化，滋养百骸，赖以永年而长生不老。研究仙丹妙术的道家，也深研医术，道家在这里强调的是人的生命之源——肾的重要性，养好了精食万化、滋养百骸的肾，就会百病不生、长命百岁。

先秦的巫师们用他们富于想象力的智慧，创造了昆仑山仙境的神话，那里的仙主是乘龙升天的黄帝和长生不老的西王母。那里一片圣洁，到处是黄金建造的宫殿，满山遍地是长生不死药。秦汉的方士们进而创造了三神山神话，让那些渴望长生的人如醉如痴地追求长生、寻找长生术，也引诱得秦皇、汉武对此痴迷，派出大量使臣寻找三神山，寻求不死之药。三神山子虚乌有，怎么办？道家的智者和那些急不可待地寻找长生之路的人们由此而一发不可收拾，开始了烧炼金丹之路。从此，上至皇帝，下至臣民，全国上下，都迷上了金丹仙药，这是一条不归之路，许多人就被金丹毒死在这条闪耀着长生不老光环的不归之路上。

接着，在经济繁荣的长江流域，一批富于智慧的上清经派道士，很明智地否定了金丹长寿之说，另辟蹊径，从老子、庄子的清静无为学说中汲取养料，改造了餐六气的神仙长寿思想，以《仙经》的一句真言作为长生不老的旗帜相号召——我命在我，不在于天！中国道家关于长生术的代表作、上清经派道士一代又一代人的心血之作的《真诰》就这样问世了。

真者，真人也，就是神仙；诰者诰谕也，就是神仙的告示。《真诰》展示了一群美貌出众的男女神仙们修身养性、寻欢作乐的长寿行乐图。书中的语言很隐晦，动人的五言诗充满了美妙的玄机。这本书，被理学大师朱熹骂过，也被官僚们骂过，但对于那些寻求长生不老术的人们来说，却是一部不可多得的佳作。

胡适与《仙经》

近代大学者胡适虽然也痛骂《仙经》，称此书全是鬼话，但这位胡博士却在1933年蔡元培先生65岁寿辰时，郑重地献上自己的大作《陶弘景〈真诰〉考》，以此作为对蔡先生知遇之恩的厚礼。

这是一部什么样的讲述长生不老的奇书？书中展示的是38位男女神仙欢会的故事。这些故事中最精彩的篇章就是对人神恋爱、幽会的生动叙述。如开篇记叙了女神愕绿华和美男子羊权欢爱的故事。

书中说，愕绿华自称是南山人。南山，不知道是什么地方。这位年轻美丽的女人，看起来大约20来岁，身穿一袭青衣，衣服的颜色很纯正。一天夜里，她遇见了漂亮的男子羊权，从此两人如漆似胶，十分亲密。女神送给羊权一首诗，一枚金玉条，一块火浣布手巾。据说，愕绿华是九嶷山中的得道女子，名叫罗郁，活了900岁。

长寿女仙《愕绿华诗》

神岳排霄起，飞峰郁千寻。寥笼灵谷虚，琼楼蔚萧森。
羊生标美秀，弱冠流清音。栖情庄慧津，超形象魏林。
扬彩朱门中，内有迈俗心。

晋哀帝求长生

晋哀帝 21 岁登上皇帝宝座，很快就迷上了长生术。大量道士、方士出入宫廷，为他传授长寿秘法。他按照道术之士的长寿方法入定、辟谷，服食丹药——这些丹药不过是用雄黄等药物制成的令人躁动的热剂，这种热剂对于身体虚弱的人来说可能有强身健体的功效，但对于一个生命力旺盛的青壮年，无异于喝了兴奋剂，每天服用，药性发作，根本无法理政。结果 25 岁的时候，晋哀帝就因兴奋过度，一命归西。

道武帝求长生

北魏道武帝也是一位长生术的痴迷者。他 16 岁就建立了北魏这个强盛的帝国，建功立业，成为一代英杰之主。然而，30 岁以后，他开始迷恋长生术，饮酒，纵欲，服食丹药，尤其是大量服食寒食散。结果他变得神思恍惚，喜怒无常，成天像个幽灵一样在宫室中晃悠，并以极其残忍的手段在朝堂、宫廷、郊野等处杀人取乐。

唐太宗迷恋长生药

第一位以身试药的大唐皇帝，是开创了历史上开元盛世的一代明君唐太宗。

唐太宗在最后的岁月里最信任的人竟然是婆罗门僧人。他的身体很虚弱，他相信这些僧人，并大量服用僧人们用西域灵草秘石配制的长生药。结果，此药服用以后，大泻不止。贞观二十三年（649 年），一代明君唐太宗病逝，终年 51 岁。

唐宪宗想做神仙

唐宪宗李纯在位时勤勉政事，力图中兴，一度让人看到了中兴的希望。可是这位大有作为的皇帝，一生也好神仙方术，苦苦寻求长生不老之药。他最信任的宦官张惟则奉旨出使新罗国，回来以后，给梦想成仙的皇帝带来了一个神话——他说他在海中遇见了一位翩翩公子，这位公子说是当今皇上的朋友，有一方金龟印，请转交给皇上。然后，这位公子一眨眼之间，就不见了！

唐宪宗手捧着金龟印，兴奋不已。只见金印上写着一行篆文：凤芝龙木，寿命无疆。激动得双手发颤的宪宗皇帝茫然四顾，捧着金龟印喃喃自语：我的前一世，难道是仙人？从此以后，他把金龟印供奉在卧室的紫纱帐中，敬之若神。宪宗皇帝苦苦思索着自己的前生，经常处于幻觉之中，前生的缥缈仙境和梦幻般的神奇经历常令他激动不已。这个时候，一位自称熟知前生后世的处士来到皇宫。宪宗将他接到自己华丽的九华室中，让他睡在珍稀的紫茭席上，饮着皇宫中精酿的御用龙膏酒。

宪宗皇帝每天亲自造访，与处士促膝交谈，作长夜之饮，通宵达旦，快乐无比。处士说，他家就在海上，每天以云彩作衣，以雾作轻绡白纱，吃灵芝，尝仙草，游云海，悠闲自在。什么秦皇汉武，不过是红尘世界的区区草虫而已，何足挂齿！处士说着从怀中随意地拿出了一包东西。宪宗举目细看，我的老天，原来是自己一直苦苦寻求的仙草双灵芝、六合葵、万根藤！

宪宗高兴地大喊大叫。他吃了仙草，感觉很好，有一种飘飘然成仙的感觉。宫中的能工巧匠们奉旨将处士描述的三神山木雕做好了，宪宗很高兴，他和处士在木雕前谈论仙境。木雕周围，仙雾缭绕，两人坐在这里闲谈，如同仙人。

两眼迷离的宪宗皇帝指着三神山中的蓬莱山说：如果没有你这样一位上仙真人，我哪里到得了这样的仙境啊！

处士看见皇帝这样飘飘若仙的样子，觉得自己该走了，如果再不走，恐怕以后就没有机会走了！皇帝疯癫矣。

明世宗深宫炼仙丹

明世宗时，陶仲文、顾可学、盛端明等方士最受宠信，位极人臣，他们得宠之道就是精通长生之术，善炼御女仙丹。

明世宗痴迷仙药。嘉靖四十四年八月，他因为服食了方士王金进献的金石仙丹，一病不起。第二年，世宗在乾清宫去世，终年 60 岁。

中国皇帝的寿命

如果从秦始皇算起，直到 1911 年清末代皇帝溥仪，其间 2100 余年，有皇帝 335 人，其平均寿命是 41 岁。如果不包括南北朝时期和五代十六国时期的帝王，那么帝王的数字是 235 人，其平均寿命是 39 岁。

如果按照朝代顺序进行分析，可以发现这样一组有趣的数字：

秦汉时期的帝王是 28 人，平均寿命是 34 岁；魏晋南北朝时期的帝王是 121 人，平均寿命是 38 岁；隋唐时期的帝王是 41 人，平均寿命是 44 岁；五代十国时期的帝王是 44 人，平均寿命是 46 岁；北宋皇帝 9 人，平均寿命是 48 岁；南宋、辽、金时期的帝王 39 人，平均寿命是 48 岁；元代帝王 14 人，平均寿命是 39 岁；明代皇帝 18 人，平均寿命是 42 岁；清代皇帝 12 人，平均寿命是 53 岁。

如果从年龄段上分析，可以得出如下一组数字：20 岁以下的是 28 人；20 岁—40 岁的是 83 人；40 岁—60 岁的是 77 人；60 岁—80 岁的是 36 人。

中国长寿皇帝

中国古代有三寿之说：上寿百岁，中寿八十，下寿六十。

皇帝 70 岁以上（80 岁以下）者，有 6 人——汉武帝刘彻 70 岁，吴大帝孙权 71 岁，唐高祖李渊 70 岁，唐玄宗李隆基 78 岁，辽道宗耶律洪基 70 岁，明太祖朱元璋 71 岁。

皇帝 80 岁以上者，有 6 人——梁武帝萧衍 86 岁，唐女皇武则天 82 岁，五代吴越王钱具美 81 岁，宋高宗赵构 81 岁，元世祖忽必烈 80 岁，清高宗弘历 89 岁。

梁武帝萧衍是一位特行独立的皇帝。他是汉代丞相萧何的第 25 世孙。他天性至孝，6 岁的时候他的母亲去世，他三天三夜滴水不进，多次哭得昏死过去。他从小就勤奋学习，几乎每天都手不释卷，读了大量的书，并与当世才华横溢的名士沈约等交游密切，时称“竟陵八友”。他统兵数十万，南征北战，仅仅半年时间便定鼎江南，建立了梁王朝。他天资聪颖，下笔成章，一生著作等身，仅一部《通史》就是 600 卷。他在位 48 年，活了 86 岁。

乾隆皇帝的养生之道

乾隆皇帝有一套独特的养生、养身之道。

他喜欢吃豆制品，要求每天每餐都有豆腐——红白豆腐、什锦豆腐、箱子豆腐、卤虾油炖豆腐等。他的生活很有规律，每天早上 5 点左右起床，7 时进早膳，下午 2 时进晚膳。

他有自己独特的养生秘诀，总结为四勿、十常：

四勿——食勿言，卧勿语，饮勿醉，色勿迷；

十常——常叩齿，常咽津，常弹耳，常揉鼻，常运睛，常搓面，常摩足，常施腹，常伸肢，常提肛。

世界最大最完整的宫殿建筑群

世界上最大的一座皇宫，位于中国北京的正中心，它就是明清紫禁城。这是中国古代遗存至今的唯一一座完整的皇宫。中国是君主制度长达四千多年的文明古国，但是数千年的历代王宫和皇宫，都已经不复存在了，就像湮没的楼兰古城一样，只剩下残垣瓦砾，甚至了然无存。许多曾经壮阔的王朝宫室，变成了田野上莫名的荒丘，或者是被后来的市肆街区所覆盖。

中国的皇宫建筑，除了台基以外，都是土木结构，如能精心保护，可维持上千年。但是，可以肯定地说，大部分被毁坏的宫殿都不是自然损耗的结果，几乎每一座宫殿在它尚称完好的时候就毁于不经意的或人为的火灾。古代中国改朝换代频繁，许多新兴的王朝都以毁弃旧王朝的宫室来宣告旧王朝统治的结束。只有清王朝采取了与众不同的做法，完全接受了明王朝的皇宫。

紫禁城

“紫禁城”一词，是历代皇宫的别称。古代皇帝称自己的皇宫为“大内”，古代官员称皇宫为“禁中”；而“紫禁”一词，是加入了星相学的观念制造出来的。古代星相说认为，上天有一座紫微星垣，是天帝的宫殿，而人间帝王所居住的宫殿当然就与之相对应。“紫禁”一词就是用紫微和禁中拼接出来的，唐朝诗人在诗作中经常用“紫禁”来称谓皇宫，这倒不是因为诗人们迷信星相，而是“紫禁”比“禁中”更显得风雅一些。紫禁城的“城”字，不言而喻，指皇宫乃是一座城中之城。但是“紫禁城”一词，即使在古代，也一般不用作朝廷对皇宫的正式称谓。

故宫

“故宫”一词，古来就是指已经灭亡了的王朝宫殿。明清的这座王朝的宫殿紫禁城，在 1925 年以后被称之为故宫博物院，简称故宫。

1925 年 10 月 10 日，故宫博物院成立，随之成立了闻名于世的故宫三大馆：古物馆、图书馆、文献馆。古物馆收藏着清宫遗留下的古物珍宝约 100 万件，图书馆接收了宫廷古籍图书约 80 万册，文献馆收存着宫廷文献档案约 800 万件。这些珍贵的古物、图书、文献，都是中华民族数千年积累下来的民族智慧的结晶，每一件都是价值连城的珍稀文化遗产。

数字紫禁城

明清紫禁城，占地 72 万平方米，建筑面积 17 万平方米，房屋建筑面积 15.5 万平方米。整座紫禁城，现存宫殿 980 余间，现存房屋 8728 间。

紫禁城呈长方形，南北长 961 米，东西宽 753 米，周长 3428 米。有 4 座城门：南为午门，北为神武门，东为东华门，西为西华门。北门神武门，原名玄武门，因避康熙皇帝玄烨讳，改称神武门；城墙高 10 米，呈梯形结构，上宽 6.7 米，下宽 8.6 米；城墙外 16 米是护城河，河宽 52 米，深 6 米。

城墙砖

紫禁城使用城墙砖有数千万块，这些皇宫御用砖又称澄浆砖，呈青灰色，主要是在山东临清取土烧制的。每块砖长 48 厘米，宽 24 厘米，高 12 厘米，重达 24 公斤。

金砖

紫禁城各大主要宫殿的地面上，都铺设金砖。这些金砖并不是金子制作的，也是澄浆砖，呈青灰色。皇宫御用金砖基本上都是产自苏州，取太湖泥浆经过选土、澄浆、制坯等 26 道工序，用柴草烧制 130 天，再经过加工而成。金砖分 3 种规格，都是正方形，其中最大的金砖是由皇帝专用，每块砖长、宽各 77 厘米，高 13 厘米，重达 108 公斤。每块砖上都有边款，上刻有烧制年代、物料规格、窑厂名、烧造者、督造者等。

最大的云龙阶石

保和殿北部正中的御道上，有一块紫禁城中最大的云龙阶石。这块云龙石雕，由整块汉白玉石雕刻而成，长 16.57 米，宽 3.07 米，厚 1.7 米，上刻 18 条龙。石雕分成 4 块，云龙分别是 1、3、5、9 条。石雕两边，有石阶 64 级（30、12、12、10 级）；石雕外侧，有 49 级台阶（29、10、10 级）。这块巨大的石料产自北京房山石窝村，重达 250 余吨，整块雕刻完成的石雕重达 200 吨。据说，为了将这个庞然大物运进皇宫，由皇帝下令，沿途先修路，每隔一里打一口井，在冬天严寒时节，取井水泼水成冰。用特制的旱船装运这块巨石，船体下垫上滚木，以 2 万民工和 1000 骡马从路两边拉，每天行走 5 里地，共计费银 11 万两，才运进皇宫。

太和殿南面有大型汉白玉石雕，分成 4 块，共有 19 条龙，分别有 2、3、5、9 条，石雕两边，有 60 级台阶（27、12、12、9 级）；石雕外侧，有 44 级台阶（24、10、10 级）。

中国皇宫比较

紫禁城这座壮丽的皇宫，虽然无可争议地列居世界现存最大的一座皇宫，但是我们应该知道，在中国皇宫建造史上，明清紫禁城是面积较小的，它不仅比秦朝、汉朝、唐朝的皇宫小，而且略小于明太祖朱元璋建造于南京的皇宫。在皇宫的气势上，紫禁城也逊于汉、唐。单就皇宫中最大的宫殿来说，明清紫禁城的太和殿，放之于历史上也算不上是宏大的宫殿。中国最大的单体宫殿建造于公元前的秦朝，面宽 200 多米，进深 100 多米。故宫最大的宫殿太和殿宽 60 米，进深 33 米有余。唐朝的麟德殿，大小相当于明清太和殿的 3 倍。但是，明清紫禁城在精美和雅致上，是居于历代皇宫之首的，它集古代建筑工艺的最高成就于一身，格局最严整、紧凑，规制最合乎古代皇宫建造理念。

明清紫禁城，已经被列入世界文化遗产。这座皇宫，不仅是中国人的文化财富，同时它也属于整个人类。

世界皇宫比较

俄罗斯莫斯科红场克里姆林宫

克里姆林宫是历代沙皇的宫殿，也是莫斯科最古老的宫殿建筑群。它坐落在涅格林纳河和莫斯科河汇合处的波罗维茨丘陵上，南临莫斯科河，西北依亚历山德罗夫花园，东南是红场。克里姆林宫整体呈不等边三角形，面积27. 5万平方米，周长两千多米。它始建于1156年，原为苏兹达里大公爵尤里·多尔戈鲁基的庄园，为木造小城堡，称“捷吉涅茨”。最初为木墙，1367年改为石墙。15世纪的砖砌宫墙保留至今。中央教堂广场上有15至16世纪建造的圣母升天教堂、天使教堂、报喜教堂、伊凡大帝钟楼和多棱宫等。1367年在城堡原址上修建白石墙，随后又在城墙周围建造塔楼。几经修缮扩建，20座塔楼参差错落地分布在三角形宫墙的三边。1935年在斯巴斯克塔、尼古拉塔、特罗伊茨克塔、波罗维茨塔和沃多夫塔等塔楼各装有大小不一的红宝石五角星，昼夜红光闪闪。

日本东京皇宫

日本皇宫是日本天皇的起居之地，位于东京中心千代田区，是天正十八年（1590年）由德川幕府第一代将军德川家康修筑的。这是一处占地2.3万平方米的日本传统建筑，它有绿色的瓦顶、白色的墙壁和茶褐色的铜柱。其中，正殿是整个皇家宫殿的中心，皇室的主要活动和外交礼仪都在正殿的“松之阁”举行。长和殿是天皇接受群众朝贺的地方，丰明殿内有大宴会场，常御殿为天皇内宫。皇宫正门前一座双孔拱式铁桥，桥身分上下两层，故名二重桥，是观赏皇居和拍照的最佳位置。此外，宫内还有花荫亭、观瀑亭、霜锦亭、茶室、皇灵殿、宝殿、神殿、旧御府。日本东京皇宫于明治六年（1873年）重建，占地面积为21.7万平方米，相当于紫禁城的1/3。

法国巴黎卢浮宫

卢浮宫始建于1190年，当时只是菲利普·奥古斯特二世皇宫的城堡。在十字军东征时期，为了保卫北岸的巴黎地区，菲利普二世于1200年在这里修建了一座通向塞纳河的城堡，主要用于存放王室的档案和珍宝，同时也安放他的狗和战俘，当时就称为卢浮宫。查理五世时期，卢浮宫被作为皇宫。皇宫1541年建成，此后200余年间，先后4次扩建，经历了最辉煌的路易十四时代和拿破仑帝国时代，曾经成为欧洲的政治、经济和文化中心。它的面积不大，只有紫禁城的1/4。

亨利四世在位期间，他花了13年的功夫建造了卢浮宫最壮观的大画廊。这是一个很长的走廊，长达300米，十分华丽。亨利在这里栽满了树木，还养了鸟和狗，他喜欢在这里玩乐，甚至喜欢在走廊中骑着马追捕狐狸。路易十四是法国历史上最著名的国王，他被称为太阳王。他5岁时登基，在卢浮宫做了72年的国王，成为法国历史上在位最长的国王。路易十四把卢浮宫建成了正方形的庭院，并在庭院外面修建了富丽堂皇的画廊。他一生迷恋艺术和建筑，致使法国的金库空虚。1792年5月27日，国民议会宣布，卢浮宫将属于大众，成为公共博物馆。这种状况一直延续了6年，直到拿破仑一世搬进了卢浮宫。

拿破仑在这座建筑的外围修建了更多的房子，并增强了宫殿的两翼，还在竞技场院里修建了拱门，拱门上的第一批雕刻马群是从威尼斯的圣马可教堂上取下来的。拿破仑以前所未有的方式装饰卢浮宫，他把欧洲其他国家所能提供的最好的艺术品搬进了卢浮宫。拿破仑不断地向外扩张，并称雄于欧洲，于是几千吨的艺术品从所有被征服的国家的殿堂、图书馆和天主教堂运到了巴黎。拿破仑将卢浮宫改名为拿破仑博物馆，巨大的长廊也布满了他掠夺来的艺术品。在卢浮宫里，拿破仑的光彩持续了12年，一直到滑铁卢战役的惨败。拿破仑三世时，卢浮宫整个宏伟建筑群才最后完成，富丽堂皇。建筑这座宫殿，前后将近用了600年时间。

俄罗斯圣彼得堡冬宫

冬宫初建于1754年至1762年，是18世纪中叶俄国巴洛克式建筑艺术最伟大的纪念物。1837年一场大火将其焚毁，1838年至1839年重建。第二次世界大战期间，冬宫再次遭到严重破坏，战后修复。冬宫是一座蔚蓝色与白色相间的建筑，高3层，宫殿长约230米，宽140米，高22米，呈封闭式长方形，占地9万平方米，建筑面积4.6万平方米。冬宫的亚历山大柱于1830年至1839年建成，以纪念1812年亚历山大一世率俄军战胜拿破仑军队这一伟绩。重建以后，冬宫的面积扩大至1.78万平方米。这个面积，仅仅是紫禁城的1/9。

19世纪中叶，当时的俄国有一项特别的法律规定，圣彼得堡市所有的建筑物，除教堂外，都要低于冬宫。冬宫面向涅瓦河，中央稍为突出，有3道拱形铁门，入口处有阿特拉斯巨神群像。宫殿四周有两排柱廊，气势雄伟。宫内以各色大理石、孔雀石、石青石、斑石、碧玉镶嵌；以包金、镀铜装潢；以各种质地的雕塑、壁画、绣帷装饰；色彩缤纷，气派堂皇。18世纪下半叶，俄国女皇叶卡捷琳娜·阿列克谢耶夫娜二世在位时，曾下令拨出一部分房子用来收藏世界著名艺术珍品，并把这些房子称作“艾尔米塔什”（隐宫）。后来随着收藏品不断增多，于1764至1789年间又先后建了小艾尔米塔什和大艾尔米塔什。如今，在冬宫宽敞明亮的展厅里，共有各类文物270万件，其中绘画约1.5万幅，雕塑约1.2万件，版画和素描约62万幅，出土文物约60万件，实用艺术品26万件，钱币和纪念章约100万枚。藏品分原始文化史、古希腊罗马文化与艺术、东方民族文化与艺术、俄罗斯文化、西欧艺术史、钱币、工艺7个部分，并按地域、年代顺序陈列在350多间展厅里，展览线路加起来有30公里长，因而有“世界最长艺廊”之称。十月革命后，1922年苏联成立了国立艾尔米塔什博物馆，冬宫成为该博物馆的一部分。1905年沙皇政府枪杀前往冬宫请愿群众的“流血星期日”事件，就发生在冬宫前面的广场上。1917年11月7日（俄历10月25日），参加十月革命的起义群众攻下冬宫，在这里逮捕了资产阶级临时政府各部部长，这座昔日皇宫回到人民手中。

现在的冬宫一般被称为艾尔米塔什国立美术馆，它和中国的故宫、法国的卢浮宫、英国的大英博物馆、美国的大都会博物馆并称为世界五大博物馆，以古文字学研究和欧洲绘画艺术品闻名世界。

英国伦敦白金汉宫

白金汉宫从建成直到今天，一直是英国皇室的宫殿。它的面积更小，仅仅只有紫禁城的1/10。

白金汉宫位于圣詹姆士宫附近，1703年由英国白金汉公爵建造。1825年，英国国王乔治四世扩建。1837年，维多利亚女王入住此宫。1863年，正成为英国历代君主的寝宫，是英皇权力的象征。整个皇宫是一座灰色的建筑物，四周围上栏杆，宫殿前面是一座广场，广场上有很多雕像。其中，维多利亚女王像上的金色天使，代表着皇室希望能够再现维多利亚时代的光辉。如果皇宫正上方飘扬着英国国王旗帜，则表示女王正在宫中。

白金汉宫的前身为白金汉屋（Buckingham House），集办公与居家于一体。它是一座4层楼的正方形的大建筑物，宫内有典礼厅、音乐厅、宴会厅、画廊等600余间厅室。此外，还有占地辽阔的御花园。花园花团锦簇，美不胜收。宫前广场上有胜利女神金像，金像高高地耸立在大理石台上，金光闪闪，好像随时要从天而降似的。白金汉宫由皇家卫队守卫，每年4–9月，上午11：30至12：00都会举行换岗仪式，其他月份每两天11：30举行一次。卫兵们在军乐和口令声中，作各种列队表演，并且举枪，互致敬礼，一派王室气象，吸引了无数路人和游客围观。

宫廷国宝的命运

有多少中国文物流失海外?

根据联合国教科文组织统计，中国大约有160余万件国宝级的珍贵文物流传海外，被世界各地的200余家博物馆收藏。日本仅仅在侵华期间掠夺的中国文物就达360余万件，流失海外的3万片珍贵的甲骨文片，日本就有约1.3万片。据记载，战后日本归还中国部分战争时期掠夺的中国文物，多达近16万车，其中珍贵文物就有2000余件。英法联军洗劫圆明园，八国联军进入北京，大肆掠夺，许多珍贵的文物流入英、法、美等国，成为各国博物馆引以为自豪的经典收藏。

大英博物馆的珍品收藏多达700万件，其中中国书画、古籍、玉器、陶器、瓷器、青铜器、雕刻品等珍稀国宝约有12万余件，而且许多都是从未面世的孤品。流失海外的中国古代绘画精品几乎都在馆中，包括：东晋顾恺之《女史箴图》的唐代摹本（清乾隆皇帝最为珍爱），初唐宗室李孝斌之子、左武卫大将军李思训《青绿山水图》，宋初江南画派代表人物巨然《茂林叠嶂图》，北宋三大家之一的范宽《携琴访友图》，号称龙眠居士的安徽人李公麟《华岩变相图》，北宋大文豪苏轼《墨竹图》等。

法国枫丹白露宫特设中国馆，收藏着中国珍稀文物也达3万余件，涉及中国古代绘画、书法、书籍、舆图、经卷、陶器、瓷器、玉器、青铜器等各个方面。法国国家图书馆也收藏着丰富的中国文物，藏品之精，令人惊叹。

日本拥有1000余座大小博物馆，这些博物馆收藏着大量的中国历代文物，数量应该在数十万件以上，其中珍品、孤品不计其数。东京国立博物馆是日本最大的国家博物馆，收藏着历代的文物珍品，藏品多达9万余件。其中，中国珍贵文物就约1万余件。这些文物，包括玉器、陶器、瓷器、书画、古籍等等。文物名品有：李迪《红白芙蓉图》，马远《寒江独钓图》，梁楷《李白行吟图》《雪景山水图》等。

分散在五湖四海私人手中的中国珍贵文物的数量，实在无法统计，估计应该在1600万件以上。

有多少皇宫国宝流失宫外？

大约有30万件以上的皇宫国宝流传宫外。

流失海外的中国古代名画，有2万余件，其中，唐代卷轴画20余张，宋代卷轴画200余张，元代画近200张，明代画约8000张，清代画约1.2万张。按照流失海外的地区划分，美洲、欧洲和日本各占1/3。美洲主要是美国和加拿大，欧洲则主要是当年来到中国大肆掠夺的英国、法国、德国、瑞典、比利时等国。

这些中国的国宝，几乎都是在那个任人宰割的年代被侵略者强行抢夺去的。他们掠夺的文物，主要是1860年英法联军洗劫圆明园、1900年八国联军掠夺北京，以及盗窃龙门石窟、敦煌藏经洞等得来的珍贵藏品，包括《女史箴图》《洛神赋图》《七月都下》《离骚经》和著名的洛阳龙门石窟《帝后礼佛图》浮雕等等。

国宝《女史箴图》

西晋大文豪张华有感于宫廷女史记载的宫中生活，写下了名作《女史箴》。女史是宫中的女官，随从在皇后左右，主要职责有二：一是记载皇后的言行；二是根据皇帝、皇后旨意，制订宫中制度，以便宫中嫔妃们遵守。箴是古代的一种文体，意在告诫、规劝、示范，既是一种座右铭，也是生活的行为规范。

当时，晋惠帝昏庸无能，政治黑暗，性情凶狠的贾皇后总揽皇权，安置亲信，朝廷一片昏暗，宗室诸王和正直大臣为此十分不满。中国古代流传着这样一幅名联：玉轴牙签唐李泌，琅函金籍晋张华。

张华是汉重要谋臣张良的后裔，他的父亲张平官至渔阳太守，他因才华出众，从魏至晋，历官县吏、长史、黄门侍郎、中书令，后官至宰相。张华有感于当时的晋室混乱，特别是后宫无序，特地创作了《女史箴》。《女史箴》334字，是一篇宫廷规箴，通过女史的口吻，以生动流畅的韵文形式，郑重规劝宫中的女性在日常生活之中应当对主忠、对神敬、对夫从。这显然是儒家的礼制纲常，是张华所期望的宫中女性的礼仪箴条和应该遵循的道德规范。同时，书中列举了许多女性误国的历史故事，讽刺淫荡、堕落和专权的贾皇后。

《女史箴图》是东晋时期的绢画杰作，由大画师顾恺之根据《女史箴》为内容的宫廷题材而精心绘制的宫室生活长卷。顾氏是无锡人，出身于名望大族，官至散骑常侍，喜好绘画、诗书，博学通才，人称三绝：画绝、才绝、痴绝。绘画方面，擅长画人物、山水，提出了以形写神的著名论断。魏晋时期，画家们善于运用线条勾画人物，这种细腻的线条均匀流畅，富于节奏感，顾恺之将这种线条技法推向了极致，创造了一种如春蚕吐丝一般的连绵缭绕的线条画面。画长约348.2厘米，高约24.8厘米，横幅长卷。依据内容原有12段，现仅存9段，每段都是一个生动的故事。

第1段，画疱牺氏定君臣夫妇之礼的故事；第2段，画楚庄王夫人进谏大王，不要沉溺于狩猎；第3段，画齐景公夫人卫姬，拒绝听郑卫之音以感化喜好淫乐的君主；第4段，汉元帝之妃婕妤冯媛在皇帝遇险的危急关头，挺身而出，挡住大熊，护卫皇帝；第5段，汉成帝之妃班婕妤辞辇进谏；第6段，劝诫宫女们，天下万物盛极而衰，得宠时不可傲慢；第7段，画两位皇后精心修饰，题箴称：人咸知修其容！第8段，画一对男女，房帏之间发生了争执，告诫女子应当善言相待；第9段，夫妇并坐，群婴绕膝，告诫日常生活之一言一行都关乎荣辱；第10段，男女两人，相对而立，男子准备离开，规劝女子不能争宠，宠极必弃；第11段，一女子端坐，十分贞静，意思是女子要想富贵，必须谨言慎行；第12段，两位美姬结伴而行，互相私语，随后一女子姿态优雅，执笔而书，意思是宫中嫔妃们一定要慎言慎行。整幅画，画师根据自己的阅历和知识，较为真实地展示了晋室宫中的生活场景和上层贵族女性的隐秘生活，绢画栩栩如生，堪称是国宝中的国宝。

《女史箴图》流传着两个绢本：一是南宋摹本，品相一般，现收藏于故宫博物院；一是唐人摹本，一直由宫中收藏，清末时被英国大尉基勇松盗往英国，现收藏于大英博物馆。

国宝《三希堂法帖》

三希堂法帖，就是三件晋代书法大师传世的三件国宝墨迹。这三件墨迹，因为清乾隆皇帝的欣赏而身价倍增。乾隆皇帝先拥有祖父康熙皇帝传下来的晋书圣王羲之的《快雪时晴帖》，爱不释手。乾隆十一年（1746年），乾隆皇帝又集得王献之《中秋帖》、王珣《伯远帖》。36岁的乾隆皇帝喜不自胜，认为自己已经拥有世上最为宝贵的三件稀世奇珍，特地吩咐，在日常理政的养心殿南窗的最西间，专辟一室，收藏这三件墨宝，赐名“三希堂”，并御笔亲书匾额。这三件国宝，自入宫以后，就杳无踪影。清亡之际，三件稀世国宝流失宫外，开始了它们长达半个世纪颠沛流离的旅程。最后，第一希流落台湾，成为台北故宫博物院的镇院之宝。另二希从大陆到台湾，又流落到香港，由中央政府以48万港币收购，重新回到紫禁城，入藏故宫博物院。

国宝《夜宴图》

《夜宴图》是五代南唐大臣韩熙载的夜生活纵乐图，是由南唐宫廷画师顾闳中奉旨观察韩熙载夜宴之后，默记在心，凭自己的记忆而秘密绘出、进呈给皇帝李后主的一件绘画作品。这是一件全景式的绘画长卷，可以称作是中国古代宫廷画师的传世杰作。乾隆皇帝极喜爱此画，反复观赏，题写长跋，钤盖御用章。此画在清末流失宫外，张大千宁可放弃购买王府，而用 500 金购买此画。这幅国宝，现收藏于故宫博物院。

国宝《清明上河图》

《清明上河图》是宋代画家张择端留给世人的一件墨宝珍迹，是中国古代传世的一件妇孺皆知的神品。这件稀世国宝，展现的是宋代都城普通市民生活和人文风情。在以风雅自居的乾隆皇帝眼里，这件作品没有进入宫中一流绘画珍品的行列。但是，晚清时期，懂得鉴赏的大臣认识了它的价值，列为上品。清逊帝溥仪出宫时，将它随身带在身边。最后，专家在一间极其简陋的仓库中发现了这件稀世国宝，它才重新回到紫禁城，入藏故宫博物院。其实，乾隆皇帝在心里很欣赏这件市民生活的作品，继位之初，25 岁的乾隆皇帝吩咐一流宫廷画师临摹这件作品。如今，乾隆元年的临摹品收藏在台北故宫博物院。

国宝《十骏图》

《十骏图》是清代供职宫廷的西洋画师留下的绘画作品，也是宫廷洋画师的代表性作品。乾隆年间，有两套《十骏图》问世，画师是郎世宁和艾启蒙。西洋画师的全新手法和光影透视功夫令中国皇帝吃惊，也让中国宫廷画师们赞叹不已。两套《十骏图》，风采各异，栩栩如生，然而，它们却天各一方，分隔于海峡两岸。

1933 年，国宝文物南迁装箱之时，故宫博物院古物馆中只找到了这两套《十骏图》20 幅中的 11 幅，包括郎世宁所画的 8 幅，也就是郎世宁的第一套 5 骏：奔霄骢、赤花鹰、雪点雕、霹雳骧、籋云驶，第二套 3 骏：红玉座、如意骢、大宛骝和艾启蒙所画的 3 幅。这 11 骏，现收藏于台北故宫博物院。另外，尚有 9 幅没有下落：郎世宁画的 5 幅——收存于御书房的万吉骦、阚虎骝、狮子玉、自在骕、英骥子和艾启蒙画的 4 幅——收贮于宁寿宫中的驯吉骝、锦云骓、佶闲骝、胜吉骢。文物南迁以后，故宫博物院组织人员继续清点，找到了这余下的 9 幅，正是《石渠宝笈》所记载的十骏真品。

英法联军洗劫圆明园国宝

清咸丰十年（1860 年），英法联军入侵北京，洗劫圆明园，掠夺园中珍贵文物不计其数。仅大英博物馆就有 2 万余件的收藏，包括：皇帝御玺、如意、时钟、金塔、玉磬、瓷器、陶器、玉器、漆器、牙雕、珊瑚、琥珀、水晶、朝珠以及乾隆皇帝极其珍爱的高约 3 尺的白色大玉马等珍稀孤品。

大英博物馆是英国最大的国家博物馆，是世界上公认收藏中国珍贵文物最丰富、最精美的博物馆。英法联军掠夺圆明园以后，英军将部分抢夺的珍贵文物进献给当时当政的维多利亚女王，女王将这批文物存放在大英博物馆。馆中 700 万件藏品，大多是掠夺来的世界各国珍贵文物。中国文物大约 2 万余件，包括敦煌盗宝第一人的斯坦因盗取的大批敦煌古书和其他文物。大英图书馆收藏有中国珍贵古籍大约 1.3 万多件，其中，包括十分珍稀的甲骨文、竹简、敦煌藏经，还有他们视为极品珍藏的中国《波罗蜜多经》的最早版本、明本《永乐大典》4 卷和珍稀的舆图等等。

法国是掠夺圆明园文物的另一个主要国家，收藏圆明园珍贵文物最多、最好的博物馆是法国称为蓝色之泉的枫丹白露王宫。这座公元 12 世纪法王路易六世开始兴建的王宫，一直是皇帝避暑、狩猎、游乐之所。经过几代帝王不断地兴建、扩充和对外掠夺，王宫日益完善，富丽堂皇。

枫丹白露宫中的中国馆，是法国皇帝拿破仑三世的皇后欧仁妮建立的。这位美丽的法国皇后，喜爱珍宝文物，特别是东方珍品。1860 年，英法联军取得空前大捷，洗劫了万园之园的圆明园。满载而归的侵华法军司令孟托邦得意洋洋，将部分抢劫来的战利品敬献给自负的拿破仑三世和美丽的皇后。面对士兵们掠夺来的中国圆明园的精美文物，皇后喜不自胜，吩咐特建中国馆，收藏这些稀世之珍。中国馆收藏极其丰富，涉及书画、首饰、金器、银器、书籍、瓷器、玉石、香炉、编钟等，都是稀有珍品。这些文物、器物之华贵，造型之精美，制作之细致，都是令人惊叹的。中国馆的珍藏和展览，可以说是中国圆明园在法国的再现。

法国国家图书馆是法国国家级最大的图书馆，收藏着十分丰富的东方图书，特别是中国古籍。藏品时代之早、品相之精、器物之美，都是别的图书馆无法相比的。包括：东晋（406 年）绢写本《十诵比丘戒本》，沙门弘文手书诵读本；北魏（471 年）绢写本《佛说无量寿经》卷下，康僧铠译；北魏宣武帝延昌三年（514 年）写本《诚实论》，敦煌镇经生师令狐崇哲法海寺手写；北魏普泰二年（532 年）写本《大智第二十六品释论竟》，鸠摩罗什译，东阳王元荣造；大梁天监十八年（519 年）写本《出家人受菩萨戒法卷第一》，戴萌桐书；陈宣帝太建八年（576 年）写本《佛说生经第一》，洛阳白马寺慧湛造；隋开皇九年（589 年）写本《大楼炭经卷第三》，法立、法炬译，上书“皇后为法界众生敬造一切经”；唐代精绣本，黄丝绢绣于蓝绢上的丝绣本《佛说斋法清静经》；唐代精写本，《妙法莲华经卷七品第二十五佛说观世音经》，蓝笺，泥金书，鸠摩罗什译；唐写本金字藏经《添品妙法莲华经序品第一》、黑地金字《金刚般若波罗蜜经》、墨笔泥金三行间书的《普贤菩萨行愿王经》；明万历九年（1581 年）刻本《大方广佛华严经普贤行愿品》；《大清万年一统地理全图》《黄河地区全图》《重庆府渝城图》等大量珍稀舆图。这里也收藏着丰富的圆明园文物，包括清宫廷画师沈源、唐岱精绘的绢本《圆明园四十景诗》，宫廷画师沈源、孙佑精刻的木刻本《圆明园四十景图》，宫廷画师郎世宁所画《圆明园菊花迷宫图》《格登鄂拉斫营》，宫廷画师伊兰泰精绘的海晏堂西洋楼铜版画 40 幅等等。

八国联军洗劫北京国宝

清光绪二十六年（1900 年），八国联军入侵北京，皇宫珍宝文物再遭浩劫，大量宫廷文物被掠走。据清内务府进奏，掠夺的文物主要包括：碧玉弹子 24 颗，金钟 2 座，李廷珪墨 1 盒，琬琰大屏风 4 扇，玉马 1 匹，墨晶珠 1 串，林凤翔、洪宣娇牙齿一盒，宝物约 2000 余件。

北京四坛，天坛、地坛、日坛、月坛镇坛之宝——苍璧、黄琮、赤璋、白琥不幸丢失；坛庙损失的珍宝也很惊人，主要包括：天坛 1148 件，社稷坛 168 件，嵩祝寺金像 3000 尊，铜佛 5 万座等等。

一日游故宫导游

一日游故宫最佳导引路线图：

天安门－午门－太和殿－保和殿－乾清宫－坤宁宫－御花园－西六宫－养心殿－乾清门－东六宫－北出御花园－向东－宁寿宫。

神武门－御花园－西六宫－养心殿－乾清门－乾清宫－坤宁宫－东六宫－保和殿－太和殿－向东到文华殿－向北到宁寿宫。

故宫周边重要景区导引路线图：

出午门－向东进劳动人民文化宫－向西进中山公园－向南出天安门－进入天安门广场－南为毛主席纪念堂、人民英雄纪念碑－东为国家博物馆－西为人民大会堂－再向南为前门大栅栏－天坛、先农坛。

出神武门－向北为景山公园－北京少年宫－兵马司－什刹海－恭王府－钟鼓楼－德胜门。

出神武门－向东为中国美术馆－隆福寺－东岳庙。

出神武门－向西为北海公园－白塔寺－历代帝王庙。

出东华门－东华门夜市一条街－王府井－东安市场－百货大楼－光明眼镜店－王府井书店。

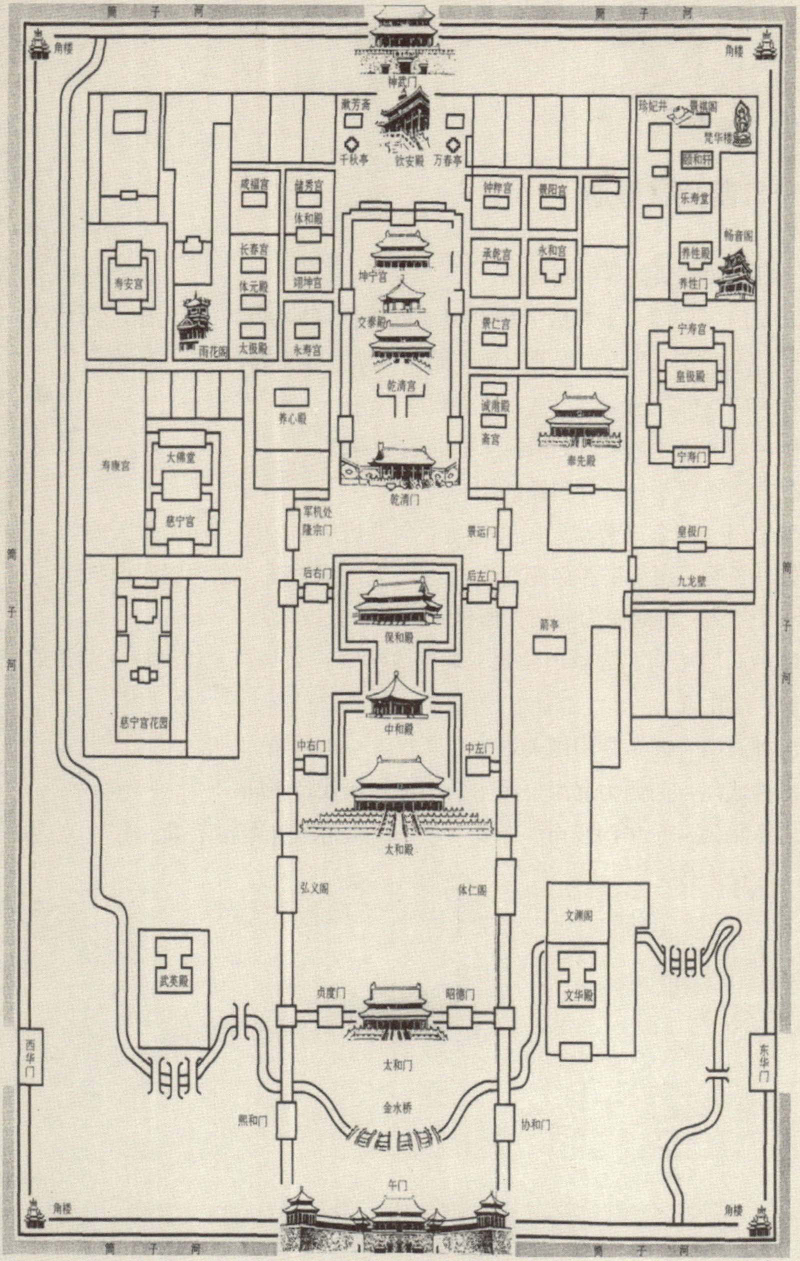
筒子河
筒子河
神武门
角楼
角楼
漱芳斋
千秋亭
钦安殿
万春亭
珍妃井
景祺阁
梵华楼
颐和轩
乐寿堂
畅音阁
养性殿
养性门
咸福宫
储秀宫
体和殿
长春宫
体元殿
翊坤宫
太极殿
永寿宫
寿安宫
雨花阁
坤宁宫
交泰殿
乾清宫
钟粹宫
景阳宫
承乾宫
永和宫
景仁宫
宁寿宫
皇极殿
宁寿门
养心殿
诚肃殿
斋宫
奉先殿
寿康宫
大佛堂
慈宁宫
乾清门
军机处
隆宗门
景运门
皇极门
九龙壁
筒子河
筒子河
后右门
后左门
保和殿
箭亭
慈宁宫花园
中和殿
中右门
中左门
太和殿
弘义阁
体仁阁
文渊阁
武英殿
贞度门
昭德门
文华殿
西华门
东华门
太和门
金水桥
熙和门
协和门
午门
角楼
角楼
筒子河
筒子河

手绘故宫平面图